本书受中国博士后科学基金项目（2021M690711）的资助

# 新媒介技术对麦克卢汉媒介观的影响与发展

高慧琳　郑保章　著

中国财经出版传媒集团

经济科学出版社
Economic Science Press

**图书在版编目（CIP）数据**

新媒介技术对麦克卢汉媒介观的影响与发展/高慧琳，郑保章著 . —北京：经济科学出版社，2022.6

ISBN 978 - 7 - 5218 - 3626 - 4

Ⅰ.①新…　Ⅱ.①高…　②郑…　Ⅲ.①传播媒介—研究　Ⅳ.①G206.2

中国版本图书馆 CIP 数据核字（2022）第 068500 号

责任编辑：谭志军
责任校对：靳玉环
责任印制：范　艳

**新媒介技术对麦克卢汉媒介观的影响与发展**

高慧琳　郑保章　著

经济科学出版社出版、发行　新华书店经销

社址：北京市海淀区阜成路甲 28 号　邮编：100142

总编部电话：010 - 88191217　发行部电话：010 - 88191522

网址：www. esp. com. cn

电子邮箱：esp@ esp. com. cn

天猫网店：经济科学出版社旗舰店

网址：http://jjkxcbs. tmall. com

北京季蜂印刷有限公司印装

710×1000　16 开　11 印张　180000 字

2022 年 6 月第 1 版　2022 年 6 月第 1 次印刷

ISBN 978 - 7 - 5218 - 3626 - 4　定价：58.00 元

# 前　言

马歇尔·麦克卢汉（Marshall McLuhan，1911 – 1980）是 20 世纪著名的且颇具争议的原创媒介理论家、思想家，他提出"媒介即讯息""媒介是人的延伸""冷媒介与热媒介""地球村"等论断和预言，被誉为电子时代的先知。其媒介观一直是学界争论的焦点，人与媒介的关系自麦克卢汉起便成为传播学界与哲学界一直以来探讨的主要问题。面对 21 世纪基于虚拟现实和人工智能等技术发展起来的新媒介技术，其"万物皆媒"的理论进一步得到了印证。通过对麦克卢汉思想的再认识和哲学思考，对于践行习近平总书记在二十国集团领导人第十五次峰会上提出的要推动和引领全球人工智能健康发展的重要讲话，推进我国"十四五"提出的"数字中国""视听中国"发展，促进新媒介技术发展具有现实的学术价值和意义。

著者结合相关国家社科基金和中国博士后科学基金相关研究内容，以国家软实力建设和促进社会稳定与发展为宏观背景，针对新媒介技术对麦克卢汉媒介观的影响，对虚拟现实、物联网、人工智能等新媒介技术的发展进程进行了分析与研究，探讨了麦克卢汉媒介观在新媒介技术日益更迭的时代所展现出的理论意义与现实价值。本书是上述相关研究工作的总结。全书共六章，其中第 1 章概述了麦克卢汉所处的时代背景以及相关研究综述，第 2 章梳理与阐述了麦克卢汉媒介观的形成溯源与核心内容，第 3 章探讨了虚拟现实技术的两重性及其对人的延伸与影响，第 4 章论述了其媒介观在理解人与媒介之间复杂互动关系中的创新性与片面性，第 5 章阐述了从万物互联到万物智能的智能社会发展趋势并提出了解决当前人工智能伦理困境的人机融合机制，第 6 章揭示了新媒介技术改变人类认知方式、行为方式与社会交往方式的机制并提出了新媒介技术背景下麦克卢汉媒介观的价值与意义。

　　从麦克卢汉所处的以广播、电视为主要传播媒介的电子时代，到如今移动互联网、虚拟现实、大数据、物联网、人工智能等新媒介技术飞速发展的信息与智能时代，新旧媒介的不断更迭与广泛应用，逐步印证了麦克卢汉对于未来社会的诸多预言，并重塑了人们的时空观。基于虚拟现实、人工智能等技术发展起来的社交媒介已经成为诸多突发网络舆情的发源地，云计算、大数据等技术在后疫情时代发挥了积极的作用。技术革新在为人们解决问题和带来利益的同时，也会产生许多新的问题，比如环境恶化、核武器等。媒介技术的进步不是万能的，许多问题仍然在技术解决的范畴之外。

　　媒介、人、社会三者之间相互作用，会对人与社会产生辩证影响。麦克卢汉媒介观在新媒介技术发展进程中起到了什么样的作用？新媒介技术对人类自身及社会产生了哪些影响？对于负面影响应当如何规避与应对？厘清这些问题不仅有助于从技术哲学视角对麦克卢汉媒介观进行重新审视，更是当前新媒介技术发展进程中亟须解决的现实问题。

　　本书以麦克卢汉为研究对象，梳理与阐述麦克卢汉媒介观的形成溯源与核心内容，以其媒介观为研究依据，对虚拟现实、物联网、人工智能等新媒介技术的发展进程进行系统的分析与研究，探讨其媒介观在新媒介技术日益更迭的时代所展现出的理论意义与现实价值。

　　首先从麦克卢汉"媒介延伸论"出发，通过分析虚拟现实从思想萌芽到理论完善、从技术初现到技术应用的发展历程，深入探讨了虚拟现实技术的两重性及其对人的延伸与影响，阐明了虚拟现实技术对麦克卢汉"媒介是人的延伸"理论的纵向延伸作用，揭示了虚拟现实技术的沉浸性、交互性、构想性对受众感官、心理与意识的延伸方式与途径。

　　基于麦克卢汉"媒介讯息论"和"地球村"理论，论述了物联网技术对麦克卢汉媒介观的横向拓展作用，从移动互联网的传播与构建的角度，探讨了地球村的形成及价值体现；从移动互联网对数据的采集、分析与架构和物联网对人与物关系的重构角度，分析了大数据对物联网的技术支撑作用；在麦克卢汉"媒介即讯息"基础上衍生出"数据即讯息""数据即媒介"观点，并对物联网在发展进程中可能带来的技术异化以及数据伦理的困境进行哲学反思与讨论，论述了麦克卢汉媒介观在理解人与媒介之间复杂互动关系中的创新性与片面性，揭示了新媒介技术改变人类认知方式、行为方式与社会交往方式的机制，提出了应对新媒介技术负面影响的策略。

从麦克卢汉"媒介延伸论"和"冷热媒介论"出发，基于"缸中之脑"假说，从"脑机融合""人机融合""人机物三元融合"三个层面对人工智能技术的发展进行哲学思考，阐明了脑机融合是人类大脑的延伸；基于人机融合的本体性、渐进性、辩证性三个特性，论述了人机融合是人类智能的延伸，分析了人工智能技术对提升麦克卢汉媒介观的促进作用；基于人机物的三元融合，阐述了从万物互联到万物智能的智能社会发展趋势，指出解决当前人工智能技术发展中的伦理困境关键在于确立以人为主导的人机融合机制，机器智能辅助人类智能，二者相互促进、协同发展。

新媒介技术在其发展进程中呈现出多元化、高水平、强交互的特点，媒介技术的变革复兴了针对麦克卢汉媒介观的争论。通过重新审视麦克卢汉媒介观，以媒介技术的变革为切入点，对社会与时代特点进行辩证思考，理性认识新媒介技术对人类认知方式、行为方式与社会交往方式的影响，有助于促进新媒介技术的健康发展，实现人与媒介的和谐共存。

媒介技术发展日新月异，人工智能、大数据、物联网等新技术出现对当下社会带来巨大的冲击，原有伦理框架面临挑战，因此突破传统哲学思维与传播学思维的局限研究人与媒介技术的关系将成为新的研究方向。媒介技术的发展与人类社会的演化变革紧密结合在一起，既可以推动人类社会的进步与发展，也会发掘出人类无穷智慧的潜在能量。新媒介技术会产生新的问题，我们对新媒介技术也需要有新的应对机制。这不仅拓宽了媒介技术的研究视野，也为人与媒介关系的研究提供新的思路。

本书对于麦克卢汉媒介观的探讨并非局限于在传播学领域的理论评判，而是从技术哲学层面结合虚拟现实、大数据、物联网、人工智能等新媒介技术发展对麦克卢汉媒介理论的创新性与片面性进行深入分析，探讨媒介技术革新对人类认知、行为和社会的影响，既是对新媒介技术发展的反思与前瞻，也是对麦克卢汉媒介观的再印证与再拓展。

由于著者水平有限，且所论述的技术尚在不断发展中，因此书稿难免存有纰漏或疏忽，敬请读者批评指正。

# 目　录

# 1  麦克卢汉思想背景及研究概况

## 1.1  麦克卢汉身处的时代背景

加拿大著名思想家、原创媒介理论家马歇尔·麦克卢汉提出"媒介即万物、万物皆媒介",一切能够实现信息互联的载体或者社会信息活动,都可以称为媒介。在信息时代与智能时代,飞速发展的互联网和数字技术、大数据和云计算等高科技技术,成为现代新媒介技术爆发的推手,也为传统媒体重建影响力创造了重要的契机。然而基于虚拟现实、物联网和人工智能技术发展起来的新媒介技术在给人类带来实时快捷、全方位多维信息导入和愉悦享受的同时,也给传统社会和人类传统的生活方式等带来了诸多不适和重大挑战,引起了学界的高度关注。

18 世纪中叶以来,人类历史上先后发生了三次科技革命:蒸汽技术革命、电力技术革命和信息技术革命。目前,人类正在经历着以虚拟现实、大数据、物联网、人工智能、量子信息和生物工程等全新技术为代表的第四次科技革命。2014 年 4 月,德国汉诺威工业博览会提出"工业 4.0"的概念,对推动"第四次科技革命"发挥了重要作用。每一次科技革命都会给人类社会带来一次全新的考验,通过前三次科技革命,人类发展进入了繁荣文明、物质丰富的新时代,但同时也造成了巨大的能源浪费和对自然资源的过度消耗,由此付出的巨大环境代价和生态成本,加剧了人与自然之间的矛盾①。进入 21 世纪,互联网技术、数字媒体技术逐渐普及,虚拟现实技术、人工智能技术、物联网技术逐渐成熟,各项技术对人类认知、行为、生活方式以及社会关系

---

① 胡鞍钢. 中国赶上第四次工业革命发动期 [N]. 北京日报, 2013 – 02 – 25 (017).

等都产生了深远的影响。因此，从哲学层面探讨和反思新媒介技术发展对人与社会的影响是十分必要的。

随着技术的不断进步和制度的不断完善，许多传统行业要么改头换面焕然一新，要么退出历史舞台。以传统媒体电视为例，随着网络视频平台逐渐发展成熟，电视剧"先网后台"的播出模式逐渐普及，广告资金严重流失，二、三线卫视已经面临"零收视率"的窘境，同样作为纸质的期刊和报纸媒介亦随着视频与网络技术的高速发展进入了不可避免的衰落期。人工智能、虚拟现实和增强现实技术的出现，为传统媒体重建影响力创造了新的契机。中央电视台、新华社等不同的媒体机构积极运用新媒介、新技术、新手段，实现新闻报道的全方位立体化，用户体验价值的最大化，显著提升了受众参与的互动体验性。有专家预测，虚拟现实、大数据、物联网以及人工智能等技术将颠覆医疗、运输、娱乐、教育、金融等传统行业。由此可见，我们必须重新审视人类自身及其所生存的现实环境①。20 世纪之前，人们未曾预料，手机、互联网等新媒介技术产物会成为人们学习、工作和生活的必需品。21 世纪的今天，很多人亦不曾想过，在不远的将来，人们会佩戴集 GPRS 和相机等功能于一身的 VR 眼镜，使用无屏智能手机，配备人工智能私人助理、机器人生活助手，万物实现互联互通。这些高科技设备所蕴含的科学技术将会彻底改变世界以及人类认知与行为方式。

麦克卢汉在《理解媒介》一书中从艺术的角度解释媒体，指出"任何媒介的'内容'都可以被看作是另一种媒介……抽象画作为创造性思维的直接表现，与电脑制图所呈现出来的情况相同②"。他认为，每一种媒介都是"人的延伸"，科技的发展缩小了地球上的时空距离，整个地球如同茫茫宇宙中的一个小村落，他提出的诸多媒介思想都带给人极大震撼。尽管学界对于麦克卢汉的评价毁誉参半、褒贬不一，其媒介观也在他去世之后遭遇冷落，但是随着科学技术的飞速发展，媒介技术对社会的作用逐渐被学界关注，麦克卢汉媒介观也随之受到学术界的重新审视。

随着技术的发展与时代的进步，麦克卢汉的预言在以网络媒介为代表的

---

① 郑燕. 人是媒介的尺度——保罗·莱文森媒介思想研究 [D]. 济南：山东大学，2014.

② [加] 马歇尔·麦克卢汉. 理解媒介：论人的延伸（增订评注本）[M]. 何道宽译. 南京：译林出版社，2011：18.

信息与智能时代逐步成为现实。本书在系统梳理麦克卢汉媒介观的同时，将重点研究麦克卢汉媒介观的创新性与片面性，以及当前高速发展的新媒介技术对人与社会产生的影响。

## 1.2　国内外研究概况

### 1.2.1　国外相关研究概述

50 多年前，国外对麦克卢汉媒介观的评价毁誉参半。《纽约先驱论坛报》发表的评论文章中称他为"继达尔文、牛顿、巴甫洛夫、爱因斯坦和弗洛伊德之后最伟大的思想家"，是"电子时代的代言人，革命思想的先知"[①]。反对他的人则称他是"走火入魔的形而上巫师""通俗文化的江湖术士""攻击理性的暴君""电视机上的教师爷"，抨击他"迎合新潮、赶时髦、追风潮、出尽风头、自我陶醉"，批判他的文字"巡回论证、滥用格言、同义反复、绝对、刻意反逻辑、荒谬绝伦"。鉴于国外学界对麦克卢汉媒介观研究起步较早，以下将通过三次麦克卢汉研究热潮展开综述，了解国外研究麦克卢汉的发展及现状。

1. 第一次研究热潮

第一次麦克卢汉研究热潮始于 20 世纪 60 年代，起因是麦克卢汉于 1964 年发表其代表作《理解媒介：论人的延伸》(*Understanding Media：The Extensions of Man*)。书中超前的思想和新奇、独特的媒介理论立刻引起各界关注，麦克卢汉被美国《国家》杂志列为风云人物。第二年，《评论》《纽约客》《哈泼斯》分别刊载了《读者指南》发表的四篇关于麦克卢汉的文章，其著作成为当时的畅销书，"麦克卢汉热"瞬间风靡美国。到了 1967 年，这股"热"潮达到顶峰，美国各界开始疯狂鼓吹麦克卢汉，《新闻周刊》《全国评论》《党派评论》《周末评论》等各类媒体发表了数以百计的评论、报道和访谈录，对其进行盲目的宣传，《花花公子》更以超乎寻常的篇幅在 1969 年第 3 期杂志中发表了几万字的《麦克卢汉访谈录》，称他为"高级祭司""北方圣人"[②]。洛瓦

---

① 何道宽. "天书"能读——麦克卢汉的当代诠释 [J]. 四川外语学院学报, 2003 (1)：123 – 128.
② McLuhan, M. The Playboy Interview：Marshall McLuhan [J]. Chicago：Playboy Magazine, 1969.

大学的塞缪尔·贝克尔认为，麦克卢汉的言论表面看上去似乎是胡言乱语，但其中蕴含着更有价值的思想，对于《理解媒介》这本书不应该粗略浏览，通过他人的争论以偏概全，而是值得反复阅读并仔细推敲①。瑞安·迈克尔指出麦克卢汉的一些想法，结合本杰明·李·沃尔夫对于语言的观察，认为交际是人类适应社会变化的一个整体，麦克卢汉理论对于理解社会符号学是十分重要的②。不仅仅是美国，欧洲的麦克卢汉迷们创造出了"Mcluhanism""Mcluhanist"等以他名字命名的词汇，日本学者几乎翻译了麦克卢汉的全部著作，所谓"麦克卢汉学"随之而起。

在各界大肆褒奖与吹捧他的同时，也出现了一些反对与抨击的声音。霍华德·麦克唐纳认为麦克卢汉纯粹是胡说八道。查尔斯·雷蒙指出麦克卢汉理论可能是不实用的，也可能是过于实用，他认为其非实证研究方法，只叙述而不探讨，提出"媒介即讯息"的理论，却没有注明该理论是如何得出的③。威廉斯评价麦克卢汉的学说就是一种意识形态，认为其媒介理论无视媒介的使用者，无视当时的社会环境，无视西方社会存在的问题，是技术决定论者。

由于麦克卢汉的思想过于超前，对他的讨论热度仿佛昙花一现，很快便进入消沉和低潮时期。麦克卢汉像一颗巨星，以其独特的媒介理论为传播学界打开了一扇窗，又像转瞬即逝的烟花，于20世纪70年代黯然消逝。

2. 第二次研究热潮

20世纪90年代，随着互联网的兴起，全球化、信息化、网络化、数字化的加速普及，麦克卢汉的预言逐步实现，其媒介理论被逐渐认可，第二次麦克卢汉研究热潮随之开始。新媒体的喉舌《连线》在1993年创刊号的刊头上封他为"先师圣贤"，并将麦克卢汉看作是《连线》的教父。1994年，随着麻省理工学院版《理解媒介》一书的发行，一系列专刊、专著、专题研讨会和麦克卢汉传记相继出版，将这次研究热潮推向巅峰。1995年，埃里克·麦克卢汉和弗兰克·秦格龙合作编著《麦克卢汉精粹》一书，其中对"麦克卢汉语录"进行整理，并对其诸多观点进行梳理，其中不仅收录了麦克卢汉当

---

① Becher, S. L. New Books in Review [J]. Qarterly Journal of Speech, 1965 (2): 86.

② Ryan, M. G. The Social Ancestry of Marshall McLuhan's Theories [J]. Speech Communication Association, 1972 (12): 2 - 8.

③ Ramond, C. K. McLuhan is the Message [J]. Journal of Advertising Research, 1966 (6): 68.

年在"视野论坛"上的讲话，还有《花花公子》于1969年发表的一篇3万字的访谈录①。1998年，菲利普·马尔尚编著的《麦克卢汉传：媒介及信使》是最具代表性的也是第一本对麦克卢汉进行全面、客观、公允评价的人物传记，他全方位地描绘了麦克卢汉跌宕起伏的一生②。保罗·莱文森在其1999年发表的著作《数字麦克卢汉》中指出，"媒介演化的历史肯定了麦克卢汉的媒介理论"③。这本书既是对麦克卢汉的总结和继承，又是对他的超越，莱文森从自己的角度结合麦克卢汉思想探讨数字时代对人的影响。2000年，克里斯托夫·霍洛克斯在《麦克卢汉与虚拟实在》中将麦克卢汉媒介理论与虚拟实在相结合，认为我们在了解媒介的同时对其进行理论探索，以检验媒介产生的影响，这对建立一个批判性、能够反省虚拟性的研究方法起到重要的作用。④

除此之外，还有诸多关于麦克卢汉研究的期刊专题、论文、人物传记等。《加拿大传播学季刊》在1998年夏季号上刊登两篇麦克卢汉专论，《澳大利亚国际媒介》在2000年春季号设立麦克卢汉研究专题，撰稿者均为研究麦克卢汉的知名学者，他们对麦克卢汉交口称赞，毫无批评之词。曾经对麦克卢汉思想持怀疑态度的詹姆斯·凯利，也逐渐认同麦克卢汉思想，并称他是人们理解文化、媒介和传播的关键人物。

在此期间，麦克卢汉媒介观被引入中国，何道宽教授翻译了其多部著作和相关文集，推进了国内对麦克卢汉媒介观的研究进程。他认为，这一次研究热潮与前次不同，学界对于麦克卢汉媒介观的研究更为理性，这是历史的必然，使其在学术领域里拥有一席之位。⑤

3. 第三次研究热潮

第三次麦克卢汉研究热潮兴起于21世纪初，伴随麦克卢汉百年诞辰纪念将此次热潮推向巅峰。这次热潮影响力大，并一直延续至今。美国学者林文刚的《媒介环境学》是最具影响力的著作之一，该书以纪传体的形式对媒介环境学界的数位代表人物进行介绍，被称作是媒介环境学的百科全书，对该

① McLuhan, E., Zingrone, F. Essential McLuhan［M］. Toronto：House of Anansi Press, 1995.
② Marchand, P. Marshall McLuhan：The Medium and the Messenger［M］. Massachusetts：MIT Press, 1989.
③ Levinson, P. Digital McLuhan：A Guide to the Information Millennium［M］. London：Routledge, 1999.
④ Horrocks, C. Marshall McLuhan and Virtuality［M］. Cambridge：Totem Books, 2000.
⑤ 何道宽. 麦克卢汉在中国［J］. 深圳大学学报（人文社会科学版），2000（6）：97–102.

学派具有划时代的意义①。此外，特伦斯·戈登对麦克卢汉《理解媒介》进行重新编辑，并出版增订评注本②。罗伯特·洛根作为研究麦克卢汉思想的权威人士之一，出版专著《理解新媒介：延伸麦克卢汉》③。书中借用麦克卢汉的思想和方法论来理解新媒介及其影响，对麦克卢汉媒介观进行了延伸，通过研究其媒介哲学根源进而将其思想延伸到媒介生态学领域④。该书的中文版译者何道宽称其是对"麦克卢汉思想的权威解读和最新发展"，是研究麦克卢汉媒介观的一次重大飞跃。在此期间，诸多关于麦克卢汉思想研究的专著先后出版，如保罗·格罗斯韦勒的《麦克卢汉的重新定位：文化、批判和后现代视角》、道格拉斯·库普兰编著《麦克卢汉说：你对我的著作一无所知》、克里·安东的《价值评定与媒介环境学》、兰斯·斯特拉特的《呼应与反思：媒介环境学论集》和《麦克卢汉遗产》等。

近年来，关于麦克卢汉媒介观研究的论文如雨后春笋般涌现，从哲学视角探讨麦克卢汉媒介观的论文也逐渐增多。《加拿大传播期刊》曾发表特伦布莱的文章，对麦克卢汉和伊尼斯两位加拿大思想家进行比较分析，解读他们对传播学研究做出的贡献，分析二人观点的相似与不同之处，站在他们二人各自的视角对其理论进行分析与评判，他认为，"我们应该从麦克卢汉追溯到伊尼斯，从地球村追溯到帝国扩张"⑤。安东·科里在肯定了麦克卢汉提出的"媒介即讯息"哲学思想基础上，进一步指出了亚里士多德"四因说"在通信技术时代的通信和媒体技术领域中起到的积极作用，认为人类居住在人造环境中的空间越多，人文和科学、人类和自然之间的分割就会越来越消解。⑥

2013 年，马塞洛·韦达和劳雷亚诺·雷龙提出了从现象学的视角研究麦

① Lum, C. M. K. The Media Ecology Tradition: Perspectives on Culture, Technology and Communication [M]. New York: Hampton Press, 2005.

② McLuhan, M. Understanding Media: The Extensions of Man (Critical Edition) [M]. W. Terrence Gordon. Berkeley: Gingko Press, 2003.

③ Logan, R. K. Understanding New Media: Extending Marshall MaLuhan [M]. New York: Peter Lang Publishing, Inc., 2010.

④ Logan, R. K. McLuhan's Philosophy of Media Ecology: An Introduction [J]. MDPI Philosophies, 2016 (1): 133 – 140.

⑤ Gaëtan, T. From Marshall McLuhan to Harold Innis, or From the Global Village to the World Empire [J]. Canadian Journal of Communication, 2012, 37 (4): 561 – 575.

⑥ Anton, C. McLuhan Formal Cause and the Future of Technological Mediation [J]. The Review of Communication, 2012, 12 (4): 276 – 189.

克卢汉媒介观的必要性，现象学可以给麦克卢汉关于人类技术相互作用的暗示工作增加理论和方法上的严密性①。互联网技术的进步，加速了人类探索赛博空间、虚拟现实和人工智能技术的脚步。温迪·惠庆俊指出麦克卢汉《理解媒介》一书首先提到了赛博空间，并发表文章探讨麦克卢汉的人类意识和大众媒介，认为尽管麦克卢汉对电子时代持悲观态度，但是它的未来却是吸引人的②。艾玛·芬德莱·怀特和罗伯特·洛根描述了麦克卢汉声学空间概念的由来，批判一些学者利用麦克卢汉在神学著作中定义声学空间的起源来证明天主教思想对麦克卢汉思想的影响③。塞尔焦·龙卡洛和卡洛斯·斯科拉里将麦克卢汉与唐·伊德、海德格尔的思想进行了比较研究，通过分析麦克卢汉媒介观，认为"即使我们能从一个符号学的角度来阅读和恢复麦克卢汉的贡献，但是对于麦克卢汉来说，他关注的并非是媒介本身，而是媒介技术所塑造的人的类型及其模仿人类的方式。"④

这一次关于麦克卢汉的研究热潮经受了历史的考验与洗礼，评著多、势头猛、范围广。随着知识经济的到来，信息高速公路崛起，互联网与虚拟现实技术的应用与普及，证实了麦克卢汉曾经的预言。麦克卢汉所谓的意识延伸就是赛博空间，他所谓的地球村已然到来。麦克卢汉被称作是电子时代的先驱和预言家，其学术地位更加稳固。无论是"媒介决定论""技术决定论"还是"媒介是人的延伸"，麦克卢汉思想都带有一定的哲学色彩。因此，在互联网占据统治地位的大数据时代，从哲学视角将麦克卢汉媒介观与新媒介技术发展相结合具有重要的学术意义。

### 1.2.2　国内相关研究概述

就目前学界对麦克卢汉的研究情况来看，形成了传播学和哲学两个主要研究领域。在"中国期刊全文数据库"中，标题包含"麦克卢汉"的论文近

---

① Vieta, M., Ralon, L. Being in the Technologically Mediated World: The Existential Philosophy of Marshall McLuhan [J]. The Popular Culture Studies Journal, 2013 (1): 36 – 60.

② Wendy, H. K. C. Marshall McLuhan: The First Cyberpunk Author [J]. Journal of Visual Culture, 2014, 13 (1): 36 – 38.

③ Findlay – White, E., Logan, R. K. Acoustic Space, Marshall McLuhan and Links to Medieval Philosophers and Beyond: Center Everywhere and Margin Nowhere [J]. MDPI Philosophies, 2016 (1): 162 – 169.

④ Roncallo, S. D., Scolari, C. A. Marshall McLuhan: The Possibility of Re – Reading His Notion of Medium [J]. MDPI Philosophies, 2016 (1): 141 – 152.

400 篇，其中哲学方向的研究只有不到 15%。因此，麦克卢汉媒介观的哲学价值还需要进一步发掘。中国麦克卢汉研究专家何道宽教授指出，麦克卢汉的强大之处在于他在 50 年前便预见到了媒介技术的发展进程，从信息高速公路到数字化生存，从网络世界到虚拟空间，他提出的重新部落化、全球一体化等理论在今天被逐一证实，麦克卢汉遗产渗入学术和人类生活的全部领域，其媒介观具有多方面的研究价值①。中国对麦克卢汉思想研究的过程大致分为三个阶段：引进阶段、探索阶段、拓展阶段，以下逐步展开综述，了解国内对麦克卢汉媒介观的研究现状。

1. 引进阶段

我国关于麦克卢汉媒介观的探讨最初是从 20 世纪 80 年代中期开始的，大陆学者与国际学者之间的联系与交流逐渐紧密与频繁，关于麦克卢汉媒介观的接触与研究也随之增加。最早公开提及麦克卢汉的著作是由中国社会科学新闻研究所世界新闻研究室于 1983 年编撰的《传播学（简介）》，其中收录的《大众传播研究的发展过程》（范东生撰写）、《西方大众传播研究概况》（明安香编撰）和《美国大众传播研究的现状》（刘有源编撰）三篇文章均谈到了麦克卢汉。居延安在其 1986 年出版的《信息·沟通·传播》中指出麦克卢汉所说的"媒介即讯息"没有任何实质的意义，他认为媒介即媒介，讯息即讯息，无法传递讯息的媒介是毫无用途的。尽管他对麦克卢汉的观点持反对态度，但认同麦克卢汉媒介观对于我们研究媒介本身的特点具有启示作用②。

随着学界对麦克卢汉思想的逐渐认可，其媒介理论开始被写入传播学教材中，最早以大量篇幅介绍麦克卢汉的教材是 1988 年出版的《传播学原理与应用》。自此之后，张咏华的《大众传播学》、李彬的《传播学引论》、张国良的《传播学原理》、邵培仁的《传播学导论》等传播学教材加大篇幅对麦克卢汉媒介观进行介绍与评述。郭庆光在《传播学教程》第九章第一节中对麦克卢汉"三论"的意义和局限性进行了系统的归纳，他认为麦克卢汉的媒介理论具有启发性意义的同时还具有一定的片面性，他只强调媒介是人的生

---

① ［加］马歇尔·麦克卢汉. 理解媒介：论人的延伸［M］. 何道宽译. 北京：商务印书馆，2000：6.
② 居延安. 传播·信息·沟通［M］. 上海：上海人民出版社，1983.

物性延伸，而没有指出人的社会性延伸①。

初期阶段关于麦克卢汉媒介观的研究，大多以传播学视角对其媒介理论进行宏观的介绍与评述。李彬认为，麦克卢汉媒介观在诸多传播学理论中是最深刻、最奇特也是最难解的，他用"奇"和"怪"两个字定位麦克卢汉媒介理论，并将其归纳为媒介延伸论、媒介冷热论和媒介讯息论，也就是所谓麦克卢汉的媒介"三论"，认为媒介延伸论"饶有新意，发人深思"；媒介冷热论"信口开河，似是而非，有标新立异之意，无寻幽探奇之实"；媒介讯息论则属"反常"的立论，"既让人耳目一新，更让人百思不得其解"②。殷晓蓉将麦克卢汉看作媒介技术研究的倡导者，认为麦克卢汉的作用若是从历史的角度去审视，主要体现在倡导并强化对于媒介技术的研究，虽然麦克卢汉对此研究并非翔实，甚至有些论断失之粗疏，但是其媒介技术对社会的影响，在美国等现代发达社会中依然引起了人们研究的兴致。③

一些学者将麦克卢汉思想与其他哲学家进行比较研究。李庆林将马克思、哈贝马斯、麦克卢汉三人的传播思想加以比较，从哲学的视角将三者的观点进行梳理，认为他们的传播思想既是互相矛盾的，又是互为补充的④。陈海认为麦克卢汉揭示的电子文化的听觉性、神圣性和技艺性特征是对康德启蒙电子时代的延伸，是思考启蒙的思想资源。康德所处的印刷时代的意识形态，虽然也呈现出麦克卢汉所谓的视觉性、世俗性与技术性特征，但是这些意识形态的文化特征依然使启蒙陷入困境，其视觉性、世俗性和技术性导致了康德启蒙的局限、悖论和困难⑤。邵培仁虽然认为麦克卢汉是与伊尼斯同类的技术决定论者，认为其技术决定论思想是错误的，但是亦充分肯定了麦克卢汉对传播研究上的贡献以及对人们生活观念的影响，认为他着眼于传播科技的历史影响研究是对以往局限于媒介内容短期效果研究的一种有益补充，他对传播科技的发明与进步是变革动力的作用的论述是对过去那种认为媒介本身

---

① 郭庆光. 传播学教程 [M]. 北京：中国人民大学出版社，1999：147–150.

② 李彬. 奇文共欣赏，疑义相与析——麦克卢汉媒介观之新探 [J]. 郑州大学学报（哲学社会科学版），1991（4）：89–96.

③ 殷晓蓉. 麦克卢汉对美国传播学的冲击及其现代文化意义 [J]. 复旦学报（社会科学版），1999（2）：84–91.

④ 李庆林. 传播研究的多维视角——马克思、哈贝马斯、麦克卢汉的传播观比较 [J]. 新闻与传播研究，2005（4）：72–75.

⑤ 陈海. 康德启蒙的麦克卢汉延伸 [J]. 西北大学学报（哲学社会科学版），2015（1）：91–96.

不起作用、只有媒介内容才起作用片面认识的一种订正和完善①。

此外，深圳大学何道宽教授对麦克卢汉进行了深入的研究，发表了大量关于麦克卢汉媒介观的文章，其中于 1999 年发表的《麦克卢汉的遗产——超越现代思维定势的后现代思维》一文对麦克卢汉四个重要媒介理论进行了概述，认为这是麦克卢汉最重要的遗产②。何道宽教授还翻译了大量的麦克卢汉著作，对麦克卢汉媒介观在中国的研究作出了巨大贡献。

2. 探索阶段

尽管麦克卢汉媒介观在刚刚引入中国的时候受到了许多争议，褒贬不一，但学界对其理论的研究热情有增无减，开始进行深度的探索，从传播学领域拓展到哲学、社会学等其他领域的研究。1999 年，中国社会科学院新闻研究所徐耀魁在其论文《对大众传播的再认识》中，对麦克卢汉的学说给予了肯定的评价③。也有一些持有反对态度的学者对麦克卢汉媒介理论提出了质疑，指出其中的片面性和局限性。胡易容对麦克卢汉的"冷热媒介观"进行了反思和理性分析，通过对电视与电影"冷热"两分的媒介学依据的探讨，指出新的媒介分类颠覆了传统的物理划分方式，技术的界限逐渐模糊④。丁玲华对麦克卢汉的媒介理论进行了反驳，指出了麦克卢汉作为一名技术决定论者的局限性，认为麦克卢汉对于"人类终将重归部落化的大同世界"的预言只是他作为技术决定论者的空想⑤。

随着对麦克卢汉媒介观研究的不断深入，一些学者将其他人的理论拿来与之做对比，并加以延伸。何道宽曾对麦克卢汉和伊尼斯这两位加拿大传播学巨匠的治学方法进行了比较，并系统地介绍了二人的学术贡献⑥。王润将芒福德与麦克卢汉的"媒介延伸论"进行对比，深化了对麦克卢汉媒介观的认

---

① 邵培仁. 传播学 [M]. 北京：高等教育出版社，2000：160 – 164.
② 何道宽. 麦克卢汉的遗产——超越现代思维定势的后现代思维 [J]. 深圳大学学报（人文社会科学版），1999，16（4）：74 – 79.
③ 徐耀魁. 对大众传播的再认识 [J]. 国际新闻界，1999（1）：22 – 27.
④ 胡易容. 数字化语境下影视媒介硬件边缘的坍塌——麦克卢汉的"冷、热"媒介观的再审视 [J]. 电影评介，2007（4）：58 – 60.
⑤ 丁玲华. 一个不可能实现的技术神话——麦克卢汉"大同世界"预言解读 [J]. 当代传播，2004（3）：86 – 87.
⑥ 何道宽. 加拿大传播学派的双星：伊尼斯和麦克卢汉 [J]. 深圳大学学报（人文社会科学版），2002，19（5）：93 – 99.

识①。吕尚彬对麦克卢汉理论进行了延伸,认为"广告是人类意识的延伸",并对其广告观进行了深刻的解读。通过分析麦克卢汉有关广告分析所描述的文字,认为在麦氏著作里暗含着"广告是人类意识的延伸"这样一个命题,"麦克卢汉从意识的延伸角度分析了广告媒介及其社会影响,其独辟蹊径的观点具有振聋发聩的启示作用"②。

国内研究麦克卢汉的另一位代表人物张咏华于2002年出版的《媒介分析:传播技术神话的解读》一书,是第一部从技术哲学视角研究麦克卢汉及其学派的著作。她以唯物辩证法为指导,指出我们要辩证地评价麦克卢汉媒介观,尽管其有技术决定论倾向,但是对社会发展仍然起到了非常积极的作用③。王燕从马克思主义唯物史观的角度,根据唯物辩证法的观点,肯定了麦克卢汉阐述科学技术在生产力发展中作用的合理性,并指出只有重新认识和理解麦克卢汉,才能对麦克卢汉的技术哲学观有更加深刻的理解④⑤。范龙的《媒介现象学:麦克卢汉传播思想研究》《媒介的直观:论麦克卢汉传播学研究的现象学方法》两本书从哲学层面分析麦克卢汉的思维方法,并结合现象学对其思维方法加以阐释,开拓了新的研究视角,实现了对传播学批判学派和实证学派传统思维的超越。他指出,"如果我们将麦克卢汉的一系列富于现象学含义的媒介理论统称为一种'媒介现象学',那么需要特别说明的是,这种媒介现象学只是作为一个灵活且开放的'思想场域'而存在的。"⑥ 他认为麦克卢汉以"媒介即讯息"为代表的诸多观点将隐匿于传统知识中的实事呈现出来⑦,指出麦克卢汉最大的贡献是为传播学研究发现了现象学方法。至此,我国对麦克卢汉媒介观的研究从单一视角拓展到多维视角。

### 3. 拓展阶段

在经历了引进阶段和探索阶段之后,国内对于麦克卢汉媒介观的研究开

---

① 王润. 论麦克卢汉和芒福德的"媒介"延伸观 [J]. 国际新闻界, 2012 (11): 40 – 45.

② 吕尚彬. 广告是人的意识的延伸——对麦克卢汉广告观的解读 [J]. 武汉大学学报 (人文科学版), 2004 (1): 91 – 96.

③ 张咏华. 新形势下对麦克卢汉媒介理论的再认识 [J]. 现代传播, 2000 (1): 33 – 39.

④ 王燕. 从唯物史观的角度评麦克卢汉的媒介技术思想 [J]. 三峡文化研究, 2010 (10): 401 – 406.

⑤ 王燕. 基于技术哲学观的麦克卢汉媒介技术考察 [J]. 三峡论坛, 2011 (2): 130 – 133.

⑥ 范龙. 媒介现象学:麦克卢汉传播思想研究 [M]. 北京:中国大百科全书出版社, 2012: 104 – 106.

⑦ 范龙. 媒介的直观——论麦克卢汉传播学研究的现象学方法 [J]. 华中科技大学学报 (社会科学版), 2005 (2): 112 – 115.

始转向对其理论进行延伸、应用和创新，并将麦克卢汉媒介理论分析方法运用到新媒体、电子商务以及影视文化中，将理论与实际相结合。

随着移动网络的逐渐普及，手机、互联网等新媒介技术得到了飞速发展，微博、微信、播客等社交工具逐渐融入人们的生活。王长潇结合麦克卢汉媒介理论，从分析人类传播媒体部落时代的演变入手，立足手机媒体的发展现状，阐述了手机媒体不仅成为媒体技术和传播内容的集大成者，而且弥合了信息传播的时空界限①。王怡飞将麦克卢汉媒介理论与微信相结合，探讨微信作为虚拟网络与现实社会生活的对接点，从社交软件转型成为生活工具，完全融入了人们的生活②。王鲁铨基于"媒介即讯息"理论探讨微博对人的影响，随着微博在人们生活中各个方面的渗透，逐渐发展成为一种新的媒介形态，改变了人们的社交模式和话语模式③。陈晓庆基于麦克卢汉媒介理论对网络"播客"文化的兴起进行了探讨④。新媒体的逐渐兴起，导致传统媒体的没落。李璐结合麦克卢汉"地球村"理论，分析了报纸媒介在新媒介冲击形势下的"消亡"趋势⑤。周文杰和王贺认为，传统媒体应当与新媒体融合发展，新闻网站具有互动性和整合性的特点，与传统媒体进行多方位、多层次的融合，补充了传统媒体的缺陷，帮助传统媒体进行创新转型⑥。

除了传媒领域之外，麦克卢汉媒介观还被运用到其他领域的研究中。张骋以符号学的视角对"媒介"进行了界定，指出"讯息"与"信息"概念的区别，认为"The medium is the message"应当翻译为"媒介即讯息"而不是"媒介即信息"⑦。"媒介是人体之外的人工感应系统，认识是主体借助媒介对客体的能动反映。"李曦珍总结出四条关于"媒介讯息论"的认识论原理，

---

① 王长潇. 手机媒体的新发展及其社会影响——基于对麦克卢汉媒介理论的再思考 [J]. 现代视听, 2011 (7)：6 – 9.

② 王怡飞. 微信：从社交软件到生活工具——基于麦克卢汉媒介理论的解读 [J]. 新闻世界, 2015 (1)：84 – 85.

③ 王鲁铨. 麦克卢汉媒介视角下的微博时代——基于"媒介即信息"理论的思考 [J]. 新闻窗, 2012 (6)：39 – 40.

④ 陈晓庆. 由播客的兴起解读麦克卢汉媒介理论 [J]. 东南传播, 2007 (2)：39 – 40.

⑤ 李璐. 报纸媒介的消亡——基于对麦克卢汉媒介理论的再思考 [J]. 中国图书评论, 2014 (11)：44 – 51.

⑥ 周文杰, 王贺. 麦克卢汉视角下的媒介融合分析——以传统媒体及其新闻网站的融合发展为例 [J]. 学理论, 2010 (13)：149.

⑦ 张骋. 是"媒介即讯息"不是"媒介即信息"：从符号学视角重新理解麦克卢汉的经典理论 [J]. 新闻界, 2017 (10)：45 – 50.

即："作为讯息的媒介对人的感官及心理会造成深刻影响；媒介的形态决定感官的感知方式；媒介的冷热度决定感官的感知参与度；每一种新媒介所产生的全新环境必定对人的感知系统产生潜移默化、全面深刻的影响①"。卢娜娜从后结构主义视域进行研究，将麦克卢汉知识体系的横向维度和思想史流变的纵向维度相结合，哲学和传播学视角相结合，考察麦克卢汉思想中的后结构特质，并确立其在思想史中的地位②。恩斯特·卡普提出了关于技术本质的"器官投影说"，将技术解释为身体的延伸、人体器官在现实中的投影，从技术哲学范式内部对技术之本质进行系统的考察。郭明哲指出，麦克卢汉继承和发展了卡普这一观点，预设了一个人类社会生活的乌托邦世界，对技术哲学产生了重要的影响③。胡年春认为，在文化、社会与历史的环境下以宏观视角研究麦克卢汉媒介观打破了传播学的研究局限④。谭伟志基于麦克卢汉媒介理论，以亨利·卡蒂埃－布列松的摄影作品为例探讨摄影图片的功能⑤。徐晓雄和王东强将麦克卢汉媒介观与教育学相结合，指出麦氏传播理论对丰富和发展教育技术学理论以及高校思想政治教育具有促进作用⑥⑦。孙洪伟将麦克卢汉媒介观与青铜器和中国古代文化相结合，以全新的视角来探讨麦克卢汉⑧。

在科学技术哲学发展历史中，麦克卢汉、胡塞尔、哈贝马斯、海德格尔等哲学家都预见性地提出了一些蕴含虚拟现实、虚拟实在等相关问题的思想⑨。麦克卢汉从媒介的角度探讨了电脑的人机互动界面对虚拟实践所起的作用和价值，认为基于电脑的虚拟实在包含了人类自身的经验和创造，是人类

---

① 李曦珍. 麦克卢汉"媒介即讯息"的认识论原理 [J]. 国外社会科学, 2013 (3)：54－63.

② 卢娜娜. 后结构主义视域下的麦克卢汉媒介理论研究 [D]. 南京：南京大学, 2013.

③ 郭明哲. 恩斯特·卡普：技术哲学奠基者 [J]. 理论界, 2008 (7)：96－97.

④ 胡年春. 技术和工具——新环境的创造者——麦克卢汉媒介文化研究新论 [J]. 当代传播, 2002 (9)：57－59.

⑤ 谭伟志. 基于麦克卢汉媒介理论下的摄影图片功能探讨——以亨利·卡蒂埃－布列松的摄影图片为例 [J]. 传播与版权, 2016 (7)：6－8.

⑥ 徐晓雄. 从麦克卢汉思想看教育技术学的发展 [J]. 现代教育技术, 2004 (3)：41－43.

⑦ 王东强. 新媒介时代对高校思想政治教育的影响——兼论麦克卢汉的媒介理论 [J]. 新闻爱好者, 2010 (3)：19－20.

⑧ 孙洪伟. 中国设计艺术思想新论——麦克卢汉视角下的中国三代青铜器 [J]. 铜陵学院学报, 2010 (3)：77－78.

⑨ 张翀. 虚拟实在中的主体性研究 [D]. 上海：东华大学, 2004.

意识的延伸，人们对感官知觉神秘意识的痴迷本身就预示了意识的延伸①。余志为就大数据理论进行跨学科分析，把麦克卢汉关于新媒介的研究方法与中西哲学文化比较纳入大数据讨论的范畴②。黄河基于虚拟性活动与现实性活动的辩证关系，根据马克思关于"工具是人的延伸"及麦克卢汉关于"媒介即人的延伸"的哲学命题，推演出"人的虚拟性活动是人的现实性活动的延伸"的命题③。胡翌霖把麦克卢汉媒介理论的范式称为"媒介存在论"，认为麦克卢汉应该置于媒介存在论的视野下被重新评估，而不仅仅把他看作一个传播学家或预言家④。韩永青指出，麦克卢汉以近乎隐喻的方式提出了技术决定论观点，强调了媒介形态的特性⑤。计算机在日常生活中逐渐普及，成为人类中枢神经的重要延伸，成为人类不可或缺的伙伴。美国加利福尼亚州州立大学洛杉矶分校斯拉夫语系和比较文学系教授迈克尔·海姆指出，海德格尔和麦克卢汉都看到了计算机所起到的延伸作用，都认识到了信息技术和思维方式之间的紧密联系，都认为技术的强大力量在于它与语言所建立起来的亲密感，同时也指出在对计算机交互作用理解不断深化的过程中，要警惕人机相伴所带来的后果⑥。

　　目前国内对麦克卢汉媒介观的研究已经较为成熟，从哲学视角对于麦克卢汉媒介观潜在价值的挖掘逐步深入，但大多结合广播、电视等传统媒介对其媒介观进行阐述与评价，以及与其他哲学家思想进行比较研究，对其评述几乎都是围绕"老三论"，即延伸论、讯息论、冷热论，并将其定位为"技术决定论者"或"媒介决定论者"，涉及的理论高度趋同，缺乏创新性与深入性。何道宽曾指出，"我们对他还是一知半解，对他的批评多于对他的研究。"⑦ 从技术哲学视角将麦克卢汉媒介观与新兴媒介技术以及社会实际问题

　　① ［加］埃里克·麦克卢汉，弗兰克·秦格龙编. 麦克卢汉精粹［M］. 何道宽译. 南京：南京大学出版社，2000.
　　② 余志为. 大数据方法与中国哲学思维的关系及其影响［J］. 现代传播，2016（7）：69－73.
　　③ 黄河. 人的虚拟性活动是人的现实性活动的延伸［J］. 贵阳学院学报（社会科学版），2015（6）：63－67.
　　④ 胡翌霖. 麦克卢汉媒介存在论初探［J］. 国际新闻界，2014（2）：69－76.
　　⑤ 韩永青. 环境哲学视阈下的媒介环境学思想探析［J］. 社会科学家，2016（9）：131－135.
　　⑥ 迈克尔·海姆. 人机相伴：海德格尔和麦克卢汉［J］. 王青译. 社会科学辑刊，2014（4）：158－164.
　　⑦ ［加］菲利普·马尔尚. 麦克卢汉传：媒介及信使［M］. 何道宽译. 北京：中国人民大学出版社，2015：4－5.

相结合的研究仍然十分薄弱，有待于进一步发掘。因此，结合新媒介技术对麦克卢汉媒介技术观进行重新审视，对研究人与媒介的关系具有重要的现实意义。

## 1.3　研究麦克卢汉媒介观的意义

在理论层面上，学界对于麦克卢汉思想的研究经历三次热潮，但大多集中在传播学界领域。麦克卢汉提出的"媒介是人的延伸"理论对研究人与技术的关系以及技术对人的影响具有启迪意义，他关于"地球村"的预言，符合当今大数据时代的物联网、虚拟现实、人工智能等技术的发展趋势。主宰未来世界的是人，而不是技术及其发展的水平。科学技术的进步虽然可以帮助解决很多问题，为人类带来诸多利益，但同时也会带来许多新的问题，比如环境恶化、核武器等。科技进步不是万能的，许多问题仍然在技术解决的范畴之外。本书以技术哲学视角对麦克卢汉媒介观进行系统的梳理，结合虚拟现实、物联网、人工智能等新媒介技术发展现状和发展趋势对麦克卢汉媒介观进行重新审视，有助于丰富我国技术哲学思想研究。

在现实层面上，随着媒介技术的不断革新，网络媒介的飞速发展，我们如今生活在技术建造的世界之中，生活在一个被技术彻底改造过的世界里。19 世纪中后期，西方哲学家开始重视技术与人的关系问题，海德格尔以历史与文化的视角将技术看作是人存在于世的一种方式，他认为人类不是科技发展的终点，而是恰好处于生命与制造品中间①。麦克卢汉的预言逐步得到印证，其媒介理论重新引起学术界的探讨，人们对其媒介观的研究出现了新的高潮。在媒介技术高速发展的信息与智能时代，基于麦克卢汉媒介观从哲学视角研究新媒介技术对人与社会的影响，对我们正确认识媒介技术与人的关系具有重要的现实意义。

---

① ［美］凯文·凯利. 科技想要什么［M］. 熊祥译. 北京：中信出版社，2011：357 – 358.

# 2 麦克卢汉媒介观的形成溯源与核心内容

　　麦克卢汉所处的时代是媒介技术蓬勃发展的时代，且正值美苏争霸时期，他的媒介观深受美国哲学家刘易斯·芒福德（Lewis Mumford）和加拿大经济史学家哈罗德·亚当斯·伊尼斯（Harold Adams Innis）的影响。《理解媒介》一书的问世使其成为学术界炙手可热的风云人物，被誉为是 20 世纪"最重要的思想家"。麦克卢汉先后提出了"媒介即讯息""媒介是人的延伸""冷媒介"与"热媒介""地球村"等媒介理论，他的媒介观具有预见性和前瞻性，对学界产生了深远的影响。麦克卢汉从历史的角度批判了当时方兴未艾的电视文化传播之弊端与异化，预见了更加符合人性的电子文化传播新时代，并首创了"处处皆中心，无处是边缘""媒介定律""后视镜"等震撼学术界的新观点。麦克卢汉所处的时代是广播、电视等旧媒介兴盛的时代，对于如今的新媒介技术发展尚未可知，因此这些观点在当时的时代背景下由于太过前卫而难以被理解和接受，甚至受到诸多批判和冷落。但是在新旧媒介不断更迭的时代，麦克卢汉媒介观逐步得到了印证，麦克卢汉所倡导的媒介与技术传播的人本化，已逐渐成为互联网时代传播理论甚至整个网络文化研究的新潮流。通过研究和分析麦克卢汉媒介观，将有助于我们更好地把握新媒介时代，辩证地看待和运用不断涌现的新媒介技术。

## 2.1 麦克卢汉媒介观的形成溯源

### 2.1.1 时代变迁对麦克卢汉的影响

　　马歇尔·麦克卢汉出生在加拿大艾伯塔省埃德蒙顿市，是 20 世纪原创媒介理论家，被誉为电子传播时代的预言家和祭司。他早年获得加拿大曼尼托巴大学文学学士学位和硕士学位，随后获得英国剑桥大学文学博士学位，并在美国多所大学执教。威斯康星大学是麦克卢汉职业生涯任职的第一所大学，在与学生们进行交流的过程中，萌生出研究大众文化的想法，由此奠定了其未来学术研究的基础。

19 世纪末到 20 世纪中叶，无线电报、广播、电影、电视等传播媒介相继诞生，电子传播时代随之到来。与语言文字、印刷技术的发明不同，电影、电视突破传统媒介，集文字、图片、视频、音频等传统媒介和现代媒介传播形式为一体，它们自诞生之日起便属于大众传播媒介，具有世界性与商业化的倾向。麦克卢汉的学术生涯始于 20 世纪 40 年代中期，他在学术期刊上发表的文章以及对于文学批评和跨学科的研究领域，使其在学术界初露锋芒。他于 1951 年出版了第一部著作《机器新娘：工业人的民俗》（*The Mechanical Bridge：Folklore of Industrial Man*），该书广泛分析报纸、广播、电影和广告的社会冲击和心理影响，用严肃的态度研究大众文化的成果，是学术界最早研究"工业人"和广告的著作。1962 年，麦克卢汉撰写的《谷登堡星汉璀璨：印刷文明的诞生》（*The Gutenberg Galaxy：The Making of Typographic Man*）出版，该书讲的是"印刷人"，研究了印刷技术的发展对西方社会产生的影响。1964 年出版的《理解媒介：论人的延伸》一书提出独辟蹊径的观点，研究"电子人"，并预言了未来电子媒介时代的到来。这三本书对于当时的社会环境来说思想太过超前，他不仅批判当时美国文化的物质主义和享乐主义的社会风气，而且挑战美国主流传播学粉饰太平、服务体制的经验学派。20 世纪60 年代正值美苏争霸时期，二者在世界范围内的霸权存在着意识形态的激烈对峙。在传播学界，美国传播学经验学派的学者致力于对态度层面的说服与改变进行研究，欧洲的传播学批判学派的学者则以"马克思主义"为武器批判大众传播事业。在这样的国际背景下，《理解媒介》这本著作的诞生使麦克卢汉成为名噪一时的风云人物，在学术界炙手可热，并与其他学者合作出版多部专著。麦克卢汉自 1963 年起主持多伦多大学文化与技术研究所，并将其发展成为一个颇具规模的传播学文化产业基地。至此，媒介技术哲学开始正式登上世界学术舞台。

麦克卢汉被誉为 20 世纪"最重要的思想家"，他思想超前，但命途多舛，犹如一颗短命的彗星。1980 年，随着麦克卢汉的去世，他的著作逐渐失去了学术市场，第一次麦克卢汉研究热潮随之退却。电子媒介技术的诞生是人类传播史上的一次重大革命，它们改变了信息的传播方式和人类的生活方式。20 世纪下半叶，电子计算机和互联网技术相继诞生，迎来了新媒体传播时代。以计算机通信网络为基础进行信息传递、交流和利用，从而达到社会文化传播目的的传播形式成为主流。随着各项媒介技术的发展与普及，麦克卢汉的"媒介即讯息""媒介是人的延伸""冷媒介与热媒介""地球村"等在当时环境下被视为惊世骇俗的言论和预言，在电子时代的今天逐渐成为现实，并重新受到学术界的重视。

### 2.1.2　学术转向对麦克卢汉的影响

麦克卢汉一生共获得五个学位，并先后完成几次重要的学术转向：从工学到文学、哲学、文学批评、社会批评、大众文化研究，再到媒介研究。其中，麦克卢汉对传播学进行了独特的探索，他从艺术的角度解释媒体，并提出了"媒介即讯息""媒介是人的延伸"的观点。

在麦克卢汉的学术生涯中，芒福德对他起到了至关重要的启蒙作用。芒福德在 1934 年出版的著作《技术和文明》中以革新的眼光对城市与乡村的关系进行重新考察，并预言未来工业技术将会被生物技术所取代。他认为，在工业革命之前，人类早期的技术发明大多基于对人或动物各个部位的动作和行为进行机械的模仿。工业革命之后，技术的发明源于对人或动物本身更加科学的研究。技术的发明不能独立于生命而存在，它们是生命形态的一种延伸。例如，雷达探测技术的发明模仿的是蜜蜂，飞行器的发明模仿的是空中飞行的鸟[①]。芒福德在《技术与文明》一书中指出，电灯的发明是基于把发光与木材和油的燃烧进行分离，吊车的发明是基于把手臂和提升的能力进行分离[②]。由此可见，若要使现代技术得以真正的发展，需要将机械系统从整个关系网中分离出来。麦克卢汉认为，机械装置的实质是对人体的各个部分进行分离和延伸，比如手、臂、足分离并延伸为笔、链、轮子[③]。芒福德作为媒

---

① 梁颐 . 论未来媒介的五种特征——媒介环境学巨擘麦克卢汉、芒福德、莱文森思想探析 [J].
东南传播，2013（6）：1－6.

② ［美］刘易斯·芒福德 . 技术与文明 [M]. 陈允明，王克仁，李华山译 . 北京：中国建筑工业出版社，2009：30.

③ 吴丽娟 . 媒介延伸论的前世今生"理解麦克卢汉"[D]. 江苏：南京大学，2015（6）.

介技术未来发展研究的先知，认为技术是生物意义上的延伸，媒介是人类感觉器官的延伸，媒介技术是生命的延伸，麦克卢汉的媒介延伸论与他的技术有机论有很大的相似之处，都是媒介对人类的延伸。尽管芒福德的研究领域是在城市规划和建筑评论，研究对象大多是技术、机器与城市化的问题，而不是传播学领域，但是他的技术观点成为麦克卢汉思想的直接起源，而且被继承下来。

如果说芒福德是对麦克卢汉思想的启蒙，那么伊尼斯则对麦克卢汉起到了引导作用。伊尼斯是加拿大多伦多学派的鼻祖，也是麦克卢汉的老师。他的主要理论是媒介偏倚理论，即媒介时间的偏倚和空间的偏倚。伊尼斯认为，一切文明都是基于对时空的控制而存在，世界文明的兴起和衰落与传播媒介密切相关。任何传播媒介或者通过长久保存实现对时间跨度的控制，即所谓的"偏倚时间的"媒介，或者通过远距离运送实现对空间领域的控制，即所谓的"偏倚空间的"媒介，二者必居其一。同时还认为控制传播媒介是行使社会和政治权利的一种手段，而新传播媒介的出现又将打破旧的垄断权。伊尼斯开创了将媒介技术与人类文明发展史联系起来进行探讨的先河，麦克卢汉在此基础上继续拓展和创新，提出了"媒介是人的延伸"和"媒介即讯息"理论，是对伊尼斯关于传播和文化史理论的继承和发展。尽管伊尼斯的媒介理论对麦克卢汉起到了很大的引导作用，二者有很深的渊源，但是他们仍然有很多不同之处。首先是对媒介在历史进程中的作用有不同的认识角度，伊尼斯是以政治经济学的视角进行研究，而麦克卢汉是以社会心理学的视角进行研究。其次是运用相互对立的研究方法，伊尼斯引用大量史料并对其进行比较和阐释，而麦克卢汉引用大量文学作品，只陈述不论证。最后是对待媒介技术的作用问题和发展前景持有不同的态度，伊尼斯持悲观和怀疑的态度，而麦克卢汉对以电视为代表的新媒介技术的出现和应用十分赞赏。

在智能革命席卷全球的今天，时代要求我们去重新认识媒介技术对人类和社会发展的影响。芒福德、伊尼斯和麦克卢汉的媒介理论逐渐受到学术界的关注，他们的理论不仅在当时具有预见性和前瞻性，而且在当今新媒介技术崛起对传统媒介技术和媒介理论造成冲击的时代，更加彰显出新的理论意义和现实意义。

### 2.1.3　技术更迭对麦克卢汉的影响

每一种媒介技术的产生都会给社会和文化造成巨大冲击，进而延续成为一种文化的积累。媒介技术的发展经历了从简单到复杂、从单一到综合的过程，可以划分为有声语言、文字符号、纸张印刷技术、电子通信和计算机网络五个阶段。每一种思想和文化的产生都是特定时代背景下的产物，麦克卢汉媒介观的产生也不例外，他所处的时代是媒介技术蓬勃发展的时代，广播、电视、电影等技术相继诞生并得到迅猛发展。

真正的广播技术诞生于 20 世纪 20 年代，美国匹兹堡 KDKA 电台于 1920 年 11 月 2 日正式开播，这是世界上第一座拥有营业执照的广播电台。KDKA 的开播标志着广播事业的正式诞生。由此之后，世界各国家纷纷建立广播电台。政界首脑非常重视通过广播来宣传其思想以达到政治目的，例如，美国总统富兰克林·罗斯福（Franklin D. Roosevelt）曾多次通过广播与民众进行交流与沟通；纳粹德国元首阿道夫·希特勒（Adolf Hitler）曾利用广播来宣传其法西斯主义侵略行径。随着第一次世界大战的爆发，加速了广播技术的发展，广播一时间成为当时炙手可热的传播媒介，这为麦克卢汉研究媒介技术对人类的心理和社会影响奠定了基础。广播具有传播迅速、对象广泛、感染力强、功能多样的优势，而它的劣势是选择性和保留性差，传播效果稍纵即逝，信息储存性差，只有声音没有文字和图像容易使听众注意力分散。基于此，在广播日益成为媒介中坚力量的时候，电视技术开始崭露头角，并逐渐对广播技术构成威胁。

在电视技术的早期发展阶段，广播公司一直对其进行打压和限制，防止这一新兴媒介会威胁到广播的地位。美国《广播世界》杂志曾对电视的发展持悲观态度，认为电视媒介的未来发展道路会非常漫长①。然而从 1939 年美国 RCA 推出世界上第一台黑白电视机和 1954 年推出彩色电视机，短短的十几年时间，电视业在世界范围内兴盛起来，电视机和电视台的数量大幅度增加，其中北美的发展态势最为迅猛。20 世纪 50 年代初，美国共有 108 家电视台，到 50 年代末就快速增长到了 617 家②。加拿大 CBC 电视台于 1952 年开播，发

①　蒋晓菲. 麦克卢汉媒介技术哲学思想研究［D］. 辽宁：大连理工大学，2016（6）.
②　张允若，高宁远. 外国新闻事业史新编［M］. 成都：四川人民出版社，1996：345.

展到 1960 年，四分之三的加拿大家庭都拥有了电视机，看电视逐渐成为加拿大家庭闲暇活动的首选项目①。1962 年 7 月，美国成功发射"电星一号"通信卫星，并首次同西欧进行了跨越大西洋的电视转播②。自此，电视媒介以其异于广播的清晰的画面感让观众一目了然，这是导致广播日趋衰退、电视日趋成熟的一个重要原因。

麦克卢汉在多伦多大学任教期间，目睹了北美电视行业迅猛发展的景象。但是由于加拿大的电视受众大多是通过收看美国电视节目开始接触电视媒介的，所以麦克卢汉对于加拿大的电视业发展持有鄙视和嘲弄的态度，对于美国发达的电子科技技术持有敬仰态度。由此可见，麦克卢汉对于电视媒介传播的研究在很大程度上是以美国文化为背景的。20 世纪 40 年代，随着电子计算机的诞生与普及，人类开始迈向全面信息化、数字化的时代。时空距离被大幅度缩小，人类可以足不出户地了解世界各地的新闻事件。麦克卢汉提出"地球村"的概念，对这个时代的未来发展趋势进行预言。

广播和电视通过文字、声音、图像延伸人体的感觉器官，电影从无声到有声、从黑白到彩色、从宽银幕到立体声电影，通信技术从电报到有线电话、无线电话，再到互联网、太空传播的卫星通信……电子媒介技术的出现，极大地改变了文化传播的方式和文化自身的形态，同时对人类生活产生了极大的影响。新旧媒介更新迭代，为麦克卢汉媒介观的提出奠定了基础，理解新媒介技术对人类心理和社会发展的影响以及人与媒介的关系，是学界需要探讨的关键问题。

## 2.2　麦克卢汉媒介观的核心内容

### 2.2.1　媒介即讯息

"媒介即讯息"（the medium is the message）是麦克卢汉对传播媒介在人类社会发展中的地位和作用的一种高度概括。这句话的意义在于，"任何传播

---

① ［加］玛丽·崴庞德. 传媒的历史与分析：大众媒介在加拿大 ［M］. 郭镇之译. 北京：北京广播学院出版社，2003：52.

② 王弯弯. 马歇尔·麦克卢汉的电视传播理论研究 ［D］. 兰州：兰州大学，2014（5）.

媒介的使用产生的冲击力,远远超过它传播的特定内容"①。该理论的提出在很大程度上是受到伊尼斯的影响,他不仅把媒介作为讯息的载体,而且把媒介作为讯息。在《理解媒介》第一章中,麦克卢汉对其进行了阐释:"所谓'媒介即讯息'指的是,任何媒介(即人的任何延伸)对个人和社会的任何影响,都是由于新的尺度产生的;我们的任何一种延伸(或者任何一种新的技术),都要在我们的事物中引进一种新的尺度"②。该理论可以说是麦克卢汉媒介观中最引人注目、争议最大的一个,也是最能体现其媒介技术认识论的一个核心论断。

麦克卢汉对于"message"一词的运用在当时引起了广泛的讨论,"message"和"information"都有讯息或者信息的意思,区别在于"information"指的是没有经过加工的信息,是不可数名词;而"message"包含了信息论意义上的"information",指的是经过编码的实在的信息,是可数名词。麦克卢汉将"message"一词进行了各种变体,比如把"message"分割成"mess age",提出"The medium is the mess age"(媒介即混乱时代);又把"message"改为"massage",出版了"The Medium is the Massage"(《媒介即按摩》)一书,"按摩"一词恰到好处地反映了媒介影响人类认识与思维;再把"massage"分割成"mass age",即"大众时代"③。由此可见,麦克卢汉选用"message"一词具有一定的双关性。当麦克卢汉媒介观被引入中国,对于"message"一词的翻译同样产生了诸多争议,何道宽教授将其译为"讯息",还有一些学者将其译为"信息"。在汉语中,"讯息"和"信息"这两个词语经常被混淆,互换互用。从传播学角度来看,信息是对存在的一种认知,需要通过编码才能进行传播;讯息是信息的载体,是传播信息的工具,其承载信息的价值决定了讯息的价值。媒介承载的是携带着信息的讯息,而并非携带具体信息本身。在社会心理及感官层面上造成影响的是媒介的讯息(形式),而不是媒介的信息(内容)。因此,"The medium is the message"翻译成"媒介即讯息"更加符

---

① [美]保罗·莱文森. 数字麦克卢汉——信息化新纪元指南 [M]. 何道宽译. 北京:社会科学文献出版社,2001:49-50.

② [加]马歇尔·麦克卢汉. 理解媒介:论人的延伸(增订评注本)[M]. 何道宽译. 南京:译林出版社,2011:18,87.

③ [美]保罗·莱文森. 数字麦克卢汉——信息化新纪元指南 [M]. 何道宽译. 北京:社会科学文献出版社,2001:49-50.

合麦克卢汉对媒介的诠释。

这里的"媒介"在麦克卢汉语境下的媒介观中指的是"泛媒介",万物皆可以被看作媒介。他所谓的媒介远远超出大众媒介所定义的范围,除了广播、报纸、电视、电影这四大传统主流媒介之外,还有服装、货币、时钟、住宅等日常生活中可以接触到的所有事物。在麦克卢汉看来,内容可以被视为另一种媒介。比如,文字的内容是语言,印刷的内容是文字,电报的内容是印刷,电视的内容是电影,电影的内容是剧本,网络的内容则是一切传统媒介的综合①。由此可见,媒介是一种符号语境。人们通过声带等器官说话发声,说出来的语言是讯息,发声的器官亦是讯息;播放机播放音乐,音乐是讯息,播放机亦是讯息;电视机播放节目,节目是讯息,电视机亦是讯息;放映机播放电影,电影是讯息,放映机亦是讯息;手机发送短信,短信是讯息,手机亦是讯息。真正对人与社会产生实质影响的是媒介,而不是媒介所传递的内容或讯息,因为媒介本身即是讯息。

"媒介即讯息"从本质上看讨论的并非是媒介与讯息的关系,而是人与媒介的关系。在麦克卢汉看来,媒介技术的力量在于它把各种感官功能分离,不断进化的媒介技术以其特有的技术规则影响着人的感知方式与人类社会。根据麦克卢汉的观点,传播媒介的发展影响着人类的感官组织与文化结构。任何媒介或技术的"讯息",是它所引发人类生活方式的变化、社会模式的变化以及思维方式的变革。电子媒介出现的标志是网络时代的到来,网络时刻影响着人类的感官与思维。随着互联网的普及,人类的思维方式与思想观念也逐步发生变化。在互联网时代,网络的性质决定传播的性质,网络给人类社会带来了又一场信息革命,而人类社会的发展以及传播的发展,正是在传播媒介的不断演进中进行的。

### 2.2.2 媒介是人的延伸

麦克卢汉首次从媒介演化的角度解读人类历史,提出了"媒介是人的延伸"(media is the extension of man)。在泛媒介论中,媒介是人体和心灵的技术延伸,因此一切人类的延伸(技术)都可以算作媒介。"媒介是人的延伸"

---

① [加]马歇尔·麦克卢汉. 理解媒介:论人的延伸(增订评注本)[M]. 何道宽译. 南京:译林出版社,2011:18,87.

并不是麦克卢汉凭借个人的猜测而臆想出来的，他是在前人的经验积累基础上分析得出的结论，比如弗洛伊德提出了"传播技术是人类感官的延伸"、柏格森提出了"人的意识也是人的延伸"、富勒提出了"技术是人的二次机械组成"、芒福德提出了"工具最初来源于对人类的模仿"、霍尔提出了"技术是人与环境的互动延伸"①。笛卡尔指出，"动物体内的大量骨骼、肌肉、神经、动脉、静脉和一切其他的部分，都可以比做机器的零件，只因为它们出自上帝之手，所以无比得井井有条，自身具有更奇妙的活动，远胜过人所能发明的任何机器。"② 麦克卢汉指出，媒介是人的一切外化、延伸和产出，这种延伸是人体功能的放大和增强，而人体任何一部分的延伸，不论是手、脚或皮肤的延伸都会影响到整个心灵与社会③。

麦克卢汉认为，媒介与人的关系是相对独立的，媒介对人有着强烈的影响。在技术不断发展的支撑下，各种媒介技术延伸了人的不同感观。他在《理解媒介》一书中对 26 种媒介对人类感官的延伸进行了分析，这些延伸可以分为三类：第一类是人类肢体的延伸，如服装是皮肤的延伸，车轮是腿脚的延伸，弓箭是手臂的延伸；第二类是感知能力的延伸，如口语是思想的延伸，文字是口语的延伸，广播是听觉的延伸，电视是视觉和听觉的延伸；第三类是中枢神经系统的延伸，这里指的是电力技术，如电脑和互联网是大脑的延伸④。在麦克卢汉看来，历史发展进程中的各项技术都可以被看作是人类肢体或者中枢神经系统的延伸，认为一种新媒介技术的诞生带来的延伸，会在人的感知中建立起一种新的平衡，即"感觉的平衡"。不同媒介和传播技术的使用不仅影响人类感觉的组织和生活、人与人的关系，而且还影响了社会的发展。麦克卢汉认为，在人类社会文明发展过程的口头传播时期、文字印刷传播时期、电子传播时期三个历史阶段中，正是电子传播时期的新电子媒介延伸了人的中枢神经系统，极大地缩短了时空的距离，使整个世界变成了

---

① 吴丽娟. 媒介延伸论的前世今生"理解麦克卢汉"[D]. 江苏：南京大学，2015.

② Mortimer, J. Adler. Great Books of the Western World [M]. Encyclopedia Britannica Incorporated, 1994：58-59.

③ ［加］马歇尔·麦克卢汉. 传播工具新论 [M]. 叶明德译. 台北：台湾巨流图书公司，1981：58-59；9.

④ GAO Huilin, ZHENG Baozhang. Human-Machine Integration：A Philosophical Analysis Based on McLuhan Media Theory and Traditional Chinese Culture [C]. The 8th International Conference：Applied Ethics and Comparative Thought in East Asia. 2018. 9.

"地球村"。

麦克卢汉从本体论出发提出"媒介是人的延伸"是探讨媒介技术本质的理论，他认为媒介技术属于人体的一部分，对于人体感官的延伸需要通过技术实体才能得以实现，这是一种功能性延伸，技术是人类在世的一种方式。随着社会的飞速发展，我们已经迈入信息化、数字化的互联网时代，新技术作为新的媒介是对人体感官或者中枢神经的延伸，对人类历史发展具有深远的影响。

### 2.2.3　"冷媒介"与"热媒介"

"冷热媒介论"（media hot and cold）是麦克卢汉诸多媒介理论观点中非议最多的一个，他运用二分法将人类所使用的媒介按照其属性划分为热媒介和冷媒介。这里的"冷"和"热"不同于我们日常生活中常用的含义，媒介的"冷"与"热"是根据感官卷入程度来划分的。所谓热媒介，具有高清晰度、低参与度的特点，它所提供的信息和内容丰富，而且只作用于一种感官，不需要受众调动更多的感官去填补与完成，比如广播、印刷、电影、照片等。反之，冷媒介具有低清晰度、高参与度的特点，它所提供的信息和内容匮乏，要求受众深刻参与、深度卷入，调动受众多种感官的配合与丰富的想象力以及再创造的能动性，比如语言、电话、电视、漫画等。由此可见，在区分冷热媒介的时候，不能以媒介的使用频率来判定，也不能以传播信息数量的多少来决定，需要以调动的感官数量和信息内容的清晰度来进行界定。

麦克卢汉在阐述冷热媒介的时候，通常把具有相同属性的媒介进行对比，如电影与电视、广播与电话、照片与漫画等，其中饱受非议的便是被其视为冷媒介的电视。麦克卢汉曾对电视的属性进行了阐述，"电视图像是一个马赛克网络，它的组成不仅包含横向的扫描线，而且包括数以百万计的小点。从生理上来说，观者只能从中抓住五六十条线来形成图像，因此他们常常要填充模糊的形象，深度卷入银屏画面，不断与图像进行创造性对话。"而电影的放映速度是每秒钟播放 24 格画面，电影图像每秒钟提供的光点比电视多出数百万，因此电影可以为受众提供一连串完整的、高清晰度的图像[①]。麦克卢汉正是基于此观点，将电视看作冷媒介，电影看作热媒介。

麦克卢汉提出这样的观点是基于当时的电视播放技术，随着电视技术的

---

① 王弯弯. 马歇尔·麦克卢汉的电视传播理论研究［D］. 兰州：兰州大学，2014.

改进，当电视的清晰度提升至电影的水平，是否可以将其视为热媒介？罗伯特·洛根教授认为："高清电视依然不得不用低清电视一样的办法制作图像，仍然是扫描线形成的马赛克图像……因此可以预言，无论电视屏幕多么大，无论高清电视的分辨率多么高，高清电视永远不可能提供电影院银屏那样的魔力。"① 电视自诞生以来，从黑白电视到彩色电视，再到高清电视、数字电视，电视的像素和分辨率有了大幅度的提高。当电视的图像制作方式发展到等同于电影制作方式，那么电视的媒介属性又该如何划分？由此可见，麦克卢汉对于冷热媒介的划分是十分牵强的。纵观当今各种媒介技术的发展现状，电子媒介更加倾向于"冷"的属性。

便捷的信息交流让沟通变得频繁，人们越来越依赖各式各样的移动终端。以微博为例，人们可以通过微博发表自己的感受与见解并参与他人的评论和交流，具备社交属性，信息来源广泛且具有匿名性，多向传播的模式引导人们高度参与其中，符合冷媒介的特征。但是，当微博被官方资讯平台占领时，微博的"热"属性又逐渐显现出来。被社交属性吸引来的受众不得不浏览各种新闻和广告，社交互动性逐渐淡化。所以，媒介的冷与热是相对而言的，麦克卢汉曾引用肯尼斯·博尔丁的"断裂界限"理论，认为媒介在发展过程中一旦突破临界点便会产生无法逆转的变化。但是，人们不会放任任何一种媒介走向过冷或过热的极端。

麦克卢汉将各个媒介按照冷与热进行划分的思想独树一帜，引发诸多争议。有些学者认为，"冷热媒介"的划分并没有太多的科学和实用价值。而其中的意义在于，媒介决定了人类的感知、行为与心理，不同的媒介具有不同的特点，作用于人的方式亦不相同。

### 2.2.4　地球村

20 世纪 60 年代，麦克卢汉在他的一篇打字稿《关于理解新媒介的报告》中首次提出"地球村"（global village）的概念②。他认为，随着电子媒介技术的发展，地球将逐渐成为一个村庄，人类终将重归部落化的"地球村"。他在

---

① ［加］埃里克·麦克卢汉，弗兰克·秦格龙编. 麦克卢汉精粹［M］. 何道宽译. 南京：南京大学出版社，2000.

② 杜方伟. 论麦克卢汉"地球村"的理论与现实［J］. 高教学刊，2015（17）：250－251.

《古登堡星汉璀璨》一书中把这个概念正式推向世界，指出世界被相互依存的新型电子媒介重新塑造成为一个地球村[①]。"地球村"指的是电子媒介在其光速传播的视像和声像信息中为全人类建构的一个以"地球"为喻体的媒介超级现实[②]。莱文森认为，麦克卢汉对于"地球村"的预言是被人们引用最多、最恰当的比喻。

原始社会的主要传播媒介是口语传播，由于听力的物理限制，人们必须相互保持近距离的紧密联系，生活在狭小空间的部落群体之中。当文字和印刷媒介发明后，人类资讯的交往与传播借助于文字和印刷品到达了更为广阔的地域，人类也从"耳朵社会"转向为"眼睛社会"，但与此同时也造成了人与人之间关系的疏远，部落社会亦随之发生解体。当电子媒介尤其是当代互联网的发明和使用，资讯得以实时传播，遥远的世界近在咫尺，成为一个时空意义上的"地球村"。由此可见，"地球村"是"部落化"重组的结果。在麦克卢汉看来，人类迄今为止经历了一个由部落化到非部落化，再到重新部落化的过程。在原始社会，由于文字尚未出现，人与人之间的交流方式主要为口耳相传，这段时期被看作部落化时代。随着文字和印刷术的出现，部落化逐步瓦解，人类社会转向非部落化时代。电报作为电子媒介时代的标志性媒介，又实施着反都市化，即"重新部落化"，促使人类再次回归部落化。在麦克卢汉看来，"地球村"的内涵不是指地球实体变小，而是指人们交往方式的实时性与交通的快捷性，使人类社会和文化形态发生重大变化，人在交往方式上重新螺旋回到更高层次的个人对个人交往。

"地球村"这一概念可以表现在两个方面。一是在"网络虚拟世界"里传递的信息可以得到瞬间回归和反馈。比如电话可以实现人与人之间无国界的交流，电视可以让人们知道地球上任何地点发生的任何事情，而网络不止消除了空间和时间上的差异，更能实现人类视觉、听觉乃至整个神经中枢的延伸。二是在"传统现实世界"里，我们可以通过现代交通工具在短时间内到达地球上的任意地方。由此可见，随着电子媒介技术的发展，传统的时空观念被打破，人类不再受时间与空间的束缚，世界各地任何角落的信息都可

---

① McLuhan, M. The Gutenberg Galaxy：The Making of Typographic Man ［M］. Toronto：University of Toronto Press，1962：43.

② 李曦珍. 理解麦克卢汉：当代西方媒介技术哲学研究 ［M］. 北京：人民出版社，2014：109 - 110.

以通过电子媒介技术瞬息千里，实现全球同步。空间距离和时间差异彻底消失，地球在时空范围内逐渐缩小，形成处处为中心的新格局。在互联网时代，只需要一台计算机、一根电话线和一个调制解调器，就可以通过网络在全球范围内与人聊天、搜索新闻、发表言论等。麦克卢汉意识到了时代变革的本质，各式各样的信息重组了人们的情感生活与精神生活。互联网的诞生实现了麦克卢汉的预言，昔日的村落在赛博空间里得以重建，这里的村落不再局限于一个国家或地区，而是全球层面上的村落。

在电子媒介技术高速发展的推动下，麦克卢汉的"地球村"预言逐步成为现实，人类的感知方式和生活方式也随之发生改变。新的感知模式消除了文化差异与地域界限，人类被带入和谐的环境中。"地球村"作为全球化理论的萌芽，促进了全球经济一体化的进程，加强了人与人、人与世界之间的联系与了解，为全球化研究奠定了理论基础。

## 2.3 麦克卢汉与新旧媒介的更迭

美国媒介理论家保罗·莱文森（Paul Levinson）提出"三分说"，即把当代媒介分为旧媒介、新媒介、新新媒介[①]。他认为，一切媒介，无论新旧，实际上都是"媒介套媒介"，且都具有时间约束力或空间约束力。每个时代都有属于每个时代的新媒介，所谓的"新"与"旧"都是相对的。在麦克卢汉所处的时代，广播和电视被视为新媒介，随着科学技术的飞速发展，曾经的新媒介成为今天的旧媒介。

### 2.3.1 麦克卢汉对新旧媒介的解读

今天所谓的旧媒介，指的是报纸、电话、电报、广播、电视等，而这些媒介在麦克卢汉所处的时代，则属于新媒介的范畴。在人类传播活动的第一个发展阶段，口语是信息传播与人际交往的主要媒介，即口语传播时代。口语传播以口作为输出媒介，以耳朵作为接收媒介，只能近距离进行交流与传递，受到时间与空间上的制约。文字媒介的出现使异地、异时传播成为可能，

---

① 李曦珍. 理解麦克卢汉：当代西方媒介技术哲学研究［M］. 北京：人民出版社，2014：109 – 110.

提高了传播的广度和范围，避免信息在传播中被扭曲、重组或丢失。文字传播以眼睛代替耳朵作为接收媒介，需要通过篆刻或书写，传播效率低、速度慢，容易使人产生疲劳感。印刷术的诞生被视为人类信息传播史上的一次重大革命，利用印刷技术可以大批量、高速度的复制信息，催生出报纸、书籍等信息传播媒介，打破了对知识的垄断，文化得以广泛的传播。

20 世纪上半叶，电报、电话、广播、电影、电视相继诞生，标志着电子传播时代的到来。与口语、文字、印刷术的发明不同，电影、电视从诞生起就属于大众传播媒介，具有世界性与商业化的倾向。它们突破了传统媒介的介质，集文字、图片、音频、视频等传统媒体和现代媒体传播形式为一体。书面文化和机械技术主导的时代正在过渡到电力媒介主导的时代，这种发展趋势使麦克卢汉警觉电视对书面文化造成的负面冲击。他指出，"电力技术就在大门之内。然而我们对电力技术与古登堡技术遭遇时所产生的威胁却麻木不仁。"① 在 20 世纪 60 年代，广播、电视的普及对人们的文本接收能力产生了一定的负面影响。年轻人读书、读报所利用时间的比例在减少，利用在广播、电视上的时间在增加。也就是说，新媒介的出现必然取代人们利用在旧媒介上的时间。随着计算机、互联网、电子邮件、短信、微信的应用普及，这样的威胁已经被削弱，麦克卢汉担忧的局面已有所缓和。只不过此时的文本不是用墨水或铅笔书写出来的，而是大量地通过电脑或手机键盘输入文字或复制粘贴，存在于电子邮件、短信、微信等互联网上的信息无须打印就可以实时浏览。虽然读书和直接书写的时间减少了，但是实际阅读的时间和信息量却增加了。但是这并不能说明麦克卢汉的警告是错误的，他所描绘的信息环境在当时的背景下是正确的，只是不符合今天的时代背景而已。毕竟在《理解媒介》出版的时候，计算机尚未研发成熟，直到麦克卢汉去世的时候，个人电脑仍没有普及到办公场所、学校和家庭。

广播之于报纸、电视之于广播、计算机之于电视，新媒介相较于旧媒介是质的改变，新媒介的普及对旧媒介产生了巨大的冲击。其中影响最大的便是报纸和广播行业，计算机的电子屏幕阅读逐渐取代了报纸的印刷纸版阅读，电视的视听媒体逐渐取代了广播的听觉媒体。麦克卢汉把广播定义为热媒介，

---

① McLuhan, M. Understanding Media: The Extensions of Man (Critical Edition) [M]. W. Terrence Gordon. Berkeley: Gingko Press, 2003: 17, 50.

把电视定义为冷媒介。电视对于广播的影响之一是使它从娱乐媒介转变为一种中枢信息系统，电视媒介的迅猛发展使报纸媒介、广播媒介逐渐走向没落。为了适应时下受众的需求，报纸、杂志、广播公司纷纷开始创办新闻网站，将其作为自己服务的一部分，"内容为王"成为媒体发展的主流趋势。麦克卢汉指出，电子媒介技术的出现，将会突破传统媒介形式的时空观念，提高信息传播速度，摆脱时间和空间上的束缚。媒介技术的发展通过提升信息传播速度，最大限度地缩短时间和空间的距离，使个体感知与公共感知相互融合，进而形成麦克卢汉所说的"地球村"。

### 2.3.2 后麦克卢汉时代新旧媒介的更迭

由于麦克卢汉所处的时代是广播与电视技术兴起与发展的时期，计算机、互联网技术尚未得到广泛应用与普及，因此对于其媒介观的研究热情很快便消沉下去。到了 20 世纪末，计算机、互联网开始广泛应用于各个领域，网络浏览器、万维网、搜索引擎、手机、无线网络等成为那个时期大肆发展的新媒介技术，使人们对于麦克卢汉媒介观有了新的认识。新媒介对人类进行了新的延伸，成为信息传播的重要形式。

麦克卢汉在《理解媒介》一书中对 20 余种媒介进行了阐释，但是只截至电视技术。在此之后发展起来的计算机和互联网技术，对人类的生活产生了前所未有的改变。计算机诞生之初，其内容只是印刷、数学和科学数据。随后电子制表软件、关联式资料库等应用软件的出现，扩大了计算机的应用领域。当计算机接入互联网，每一个计算机用户都处在全球网络的中心。计算机和互联网在各个领域的广泛应用，促进了媒介的融合，人们可以用其进行收发邮件、浏览新闻、聊天、视频通话、开会、购物、拍卖、理财、学习、阅读、办公、听音乐、看视频节目、玩游戏等活动，由此进一步取代了报纸、杂志、广播、电视等旧媒介的地位。在互联网时代，无论身处何地，信息都可以实时接收和发送，实现全球同步。基于此，"地球村"在技术上已经实现，其社会形态初步形成。来自世界各地的信息、图片、视频等组成的信息流，被储存和检索，重组了人们的文化生活和精神生活。麦克卢汉提醒世人，对于世界上一切文化的变化和影响应时刻保持关注和警惕，既要看到其革命性的积极影响，也要看到由此引发的负面作用，并尝试寻求应对之策。

相对于电话、报纸、电视等旧媒介，手机作为新媒介对其产生了颠覆性的影响，使媒介技术的发展从量变转向质变。麦克卢汉指出，"电力时代的内爆把东方口头的和部落的听觉文化带到了西方。"① 他在这里所指的是以广播、电视、电脑为主流的电子媒介，但是当手机逐渐兴起，这句话便有了更多的意义。手机的爆炸性发展改变了社会互动的性质，人与人可以随时随地进行交流与联系，人们可以利用闲暇时间运用手机从事一些娱乐活动。手机在诞生之初，被视为电话的延伸，只是用于交谈，方便了人们可以随时随地进行联系，人们打电话的频次激增，这是量的变化。随着手机技术的不断革新，其功能和用途逐渐丰富，比如发短信、玩游戏、照相、发邮件、计算、翻译、上网等，即如今全面普及的智能手机。随着手机软件的逐渐丰富，其功能越来越全面，甚至逐步取代了报纸、计算机、摄像机、照相机、广播、电视等进行办公、摄影、阅读、社交、娱乐等活动，这是质的变化。在智能手机之前的媒介，都是分裂切割的，不论是电报、电话还是广播、电视、计算机等电力媒介，对于人类的延伸只局限于某一个部分。而智能手机包含了电力媒介的诸多特点，打破了时间与空间上的限制，拥有比互联网更大的延伸空间。由此可以看出，一种新媒介的内容总是包含一种或多种旧媒介。

移动互联网技术的蓬勃发展复兴了对于麦克卢汉媒介观的讨论，推进了智能手机的普及，成为现代生活不可分割的一部分，促进了"地球村"的形成。随着科学技术的不断革新，云计算、虚拟现实、物联网、人工智能、大数据等成为当前时代的新媒介，进一步肯定了麦克卢汉媒介观的理论价值与现实意义。

---

① McLuhan, M. Understanding Media: The Extensions of Man (Critical Edition) [M]. W. Terrence Gordon. Berkeley: Gingko Press, 2003: 17, 50.

# 3 虚拟现实技术对麦克卢汉媒介观的延伸

虚拟现实（virtual reality，VR），也称灵境技术，由美国思想家杰伦·拉尼尔（Jaron Lanier）在 20 世纪 80 年代提出，是 20 世纪发展起来的一项全新的实用技术。科学技术与社会生产力飞速发展，虚拟现实技术在各个领域中的应用越来越广泛，虚拟现实逐渐发展成为一个新兴技术领域。麦克卢汉根据媒介本身的性质，创造性地提出"媒介是人的延伸"，从这一意义上来看，新兴的虚拟现实技术可以被看作人的各种器官和感官的综合延伸。麦克卢汉对技术的评论，与沉浸、交互作用和信息的密集度等论题相关。在麦克卢汉看来，人类运用自身的想象力与创造力，构建出一个能够满足自身欲望、利益与需求的虚拟世界，不管是在虚拟世界还是现实世界中，只有人类自身才是真正的主宰者。人类通过虚拟现实技术发挥自身的创造性与自主性，提高自身的学习能力与认知能力。虚拟现实技术作为改造客观世界的工具，改变了人类的学习方式、思维方式与生活方式，在解放人类自身的同时，推进了社会的进步。正是因为虚拟现实技术的潜力巨大，应用前景广阔，对人的影响深刻，所以应当警惕人被技术所奴役，失去对自身及社会的判断力，违背人类本性产生虚拟异化。我们应当树立对待虚拟现实技术发展的正确态度，既要意识到其作为新兴事物，缺陷不可避免，因此不能因噎废食，也要对它可能带给人类感知、思维乃至社会发展的负面影响保持警惕。

## 3.1 虚拟现实的理论形成与再现

虚拟现实，从字面上解释就是虚拟和现实相互结合。从理论上来讲，虚拟现实技术是通过计算机模拟现实生活中的数据生成一个三维空间的虚拟环境，通过三维模型呈现出现实中的事物或者想象中的物质，通过计算机模拟技术使用户通过嗅觉、触觉、听觉、视觉等感官全方位地沉浸其中，所以称为虚拟现实①。

### 3.1.1　虚拟现实的思想萌芽

虚拟现实的思想萌芽阶段是在 20 世纪 60 年代之前，即有声形动态的模拟。而最早体现出混淆虚拟与现实的学说可以追溯到古希腊时期，柏拉图的"洞穴喻"② 从哲学意义上描述了虚幻与现实，当人们处在黑暗的洞穴中，影像被看作真实的东西，回声被当成是影像发出的声音。但是这里的影像并不是虚拟出来的，而是以通过实体与灯光的作用映射出来的产物③。如果严格地把虚拟现实范围限定在将人置身于幻境下的一种手段，那么关于虚拟现实的最早尝试可以追溯到 19 世纪的 360°壁画和全景图，这些绘画旨在填充观看者的整个视野，从视觉上对现实进行真实的还原，使人们感受到一些历史事件或场景。但是这里的壁画和全景图仍然是真实存在的实体，并非真正意义上的虚拟。其实，虚拟现实思想究其根本是对生物在自然环境中的感官和动态的交互式模拟，所以这与仿生学息息相关，中国战国时期的风筝是仿生学较早的在人类生活中的体现，包括后期西方国家根据类似的原理发明的飞机。

虚拟与现实、梦境与现实之间的关联与转化，在很早之前的一些国内著作中亦有所体现。《金刚经》里有四句偈，"一切有为法，如梦幻泡影，如露亦如电，应作如是观"。意思是，世间一切皆有为法（器世界、心世界、世间法世界），无常变化，时时短暂地存在，转眼即逝，缘起重来，劝诫众生不要过分执着于眼前世间的人事变化，情感财物的得失。这里的"如梦幻泡影，如露亦如电"可以分开来解释："梦"的实质就是个人的意识所变现的。在做梦的时候，对主观感觉来讲是跟现实世界一模一样的，但梦中所见的山河大

---

① 石宇航. 浅谈虚拟现实的发展现状及应用［J］. 中文信息，2019（1）：20.

② 洞穴喻（allegory of the cave）是柏拉图在《国家篇》（514 – 521）中设计的一个洞穴寓言，描述的对人类知识的基本想象，在《理想国》一书中的第七卷也提到了"洞穴喻"这个哲学寓言。

③ 何怀宏. 柏拉图《理想国》中的四隐喻［J］. 北京大学学报（哲学社会科学版），2007（5）：33 – 39.

地、各式人和环境等，有没有实体？醒来之后其实什么都没有，有的只是自己的意识，梦是人的意识制造的一场梦幻游戏。有为法是动的不是静的，它就是一个能够变造一切幻想的一个意识。这个意识是无相的，又是完全没有自性的，这个跟梦的性质最为相近。"幻"是一种魔术，可以让人产生幻觉。但在幻觉当中，会把假的当作真的，而且这种幻觉不是完全没有实体。"泡"就是水泡，水泡就是下雨的时候，雨水落在水面上起的泡，水泡里边是空的，而且很快就消灭了。这个比喻说明中空，它没有物质实体，而且无常，很快就消灭了。但它并不是完全没有实体的，它是由水构成的。"影"是指镜子里或水里所显现的面相，这个影像跟自己是一样的，但却不是自己。这个比喻人们虽然通过五官看到的世界跟现实世界的真实本面是一样的，但它并不是世界的真实面目。"露"即"朝露"，其性质是无常，太阳出来以后便会消失。一切有为法就像朝露一样是无常的。"电"指"闪电"，非常短暂，刹那间便会消失。闪电就是阴阳两种电子相碰，产生巨大能量，发出闪光。物质现象最基本的元素构成就是电子，电子飞速地运动，是刹那无常的。将这六个比喻结合起来，就可以知道"有为法"是意识变现的、无常的、无我的。人世间的一切事物和现象，其本质是虚幻的和无常的，我们应该根据人世间的法则来观察世界，既可以通过理性思维也可以通过直觉的体会去论证。庄子在"庄周梦蝶"[①]的故事里，提出了作为主体意识的人无法确切地分辨虚幻与真实以及生死物化的观点。他所说的"蝴蝶"从表面上看是梦中的产物，是虚幻的，是不存在的，但它是由真实存在的人的大脑想象出来的，对于做梦的人来说，这个"蝴蝶"是真实存在的。这对虚拟与现实产生了一定的混淆，模糊了虚拟与现实的界限。

每个人都有过这样的疑问：或许这个世界是为我设计的，或许所有的一切在我所不能感知的时候都不曾存在，或有一天我会"醒来"，也许世界无穷嵌套，也许真实无法触及。法国哲学家笛卡尔认为，我们的现实生活可能只是一场梦境，我们每个人都生活在一个幻觉的世界中，因为我们在做梦时，自以为梦中的世界是真实的世界，并不知道在梦中见到的一切是虚幻的，只

---

① "庄周梦蝶"又称"周公梦蝶""庄生晓梦"，典出《庄子·齐物论》："昔者庄周梦为蝴蝶，栩栩然蝴蝶也，自喻适志与，不知周也。俄然觉，则蘧蘧然周也。不知周之梦为蝴蝶与，蝴蝶之梦为周与？周与蝴蝶，则必有分矣。此之谓物化。"

是醒来后才了解到这实际上都是我们的幻想，不过是梦而已。他认为人应该用理性看待一切，理性比感官感受更坚实可靠，他否认任何事物的绝对真实性，用一种怀疑的态度来看待世间一切。他提出了"我思故我在"① （I think, therefore I am），否认自己的存在是自相矛盾的，只有通过思考才能确定我们自身是存在的。休谟作为苏格兰一位不可知论哲学家，继承了笛卡尔的怀疑论。他认为人除了直接知觉和感觉经验外，其他一切都是不可知的，感觉经验成为一道屏障，把意识的对象隔离开来，使人们无法得知屏障后面的事物。

　　虚拟现实是根据前人对于虚拟与现实之间的界限区分和相互转化，通过计算机编码，把人的意识转化为一种虚拟境界和虚拟存在，而这种虚拟境界和虚拟存在对人的感觉器官就像真的客观存在一样。1929 年，为了使用更加安全的方式去训练飞行员，爱德华·林克（Edward Link）设计出用于训练飞行员的模拟器 Link Trainer，这是历史上第一个纯机电的商业飞行模拟器。它由连接到方向舵和转向柱的电动机控制，以修改俯仰和滚转，以小型电动机驱动的装置可以模拟湍流和扰动，使乘坐者的感觉和坐在真的飞机上是一样的。斯坦利·温鲍姆（Stanley G. Weinbaum）于 1935 年发表的科幻小说《皮格马利翁的眼镜》（*Pygmalion's Spectacles*），最早提出了对于虚拟现实的构想，被看作第一部探讨虚拟现实的科幻作品，书中构想了通过眼镜实现全感官、全方位的沉浸式体验。当时温鲍姆对那些佩戴护目镜的人所经历的描述，与如今虚拟现实的体验惊人的相似，这使他成为这个领域真正的远见者。

　　20 世纪 50 年代中期，当大部分人还在使用黑白电视的时候，电影摄影师莫顿·海利希（Morton Heilig）研究并发明了多通道仿真体验系统 Sensorama，并在 1962 年申请了专利。该设备体积庞大、构造复杂，由震动座椅、立体音响、立体 3D 显示器、风扇、气味发生器等部分组成，通过三面显示屏来实现空间感，具有三维显示及立体声效果，能产生振动和风吹的感觉，甚至还有气味，体验感类似于现在的 4D 电影。海利希创造 Sensorama 的初衷是打造未来影院，希望通过这些部件刺激观看者的所有感官，将人完全沉浸在电影中。不过由于它体型巨大且笨重无比，体验者需要坐在椅子上，将头探进设备内部，才会有沉浸感②。这种"全传感仿真器"的发明，蕴涵了虚拟现实的思想。

---

① "I think, therefore I am" 出自笛卡尔《谈谈方法》的第四部分。

② 汤朋，张晖. 浅谈虚拟现实技术［J］. 求知导刊，2019（3）：19 – 20.

### 3.1.2　虚拟现实的理论完善

从 20 世纪 80 年代至 90 年代末期，许多科学家相继投入对虚拟现实的研究，这个阶段是虚拟现实概念与理论形成的时期，也是虚拟现实技术全面发展的时期。虚拟现实技术从实验室的试验阶段走向了市场的实用阶段，对虚拟现实的研究从基本理论和系统构成的分析转向应用中所遇到的具体问题的探讨。

1987 年，美国计算机科学家、互联网理论家、艺术家与思想家杰伦·拉尼尔（Jaron Lanier）首次提出"虚拟现实"的概念，被业界称为"虚拟现实之父"。他创造了实验游戏 Moondust 和 Alien Garden，随后与汤姆·齐默尔曼（Tom Zimmerman）联合创办了 VPL 公司，并公开了一种技术假想：综合运用各种接口设备以及计算机图形系统生成具有沉浸性与交互性的三维环境的技术。拉尼尔将这种技术命名为"Virtual Reality"，即虚拟现实，简称 VR。至此，虚拟现实的理论初步形成。詹姆斯·弗雷（James D. Foley）教授在其文章《先进的计算机界面》中论述了虚拟现实的概念、人机交互技术、应用及发展前景，该论文在业界具有重要的影响力①。VPL 公司致力于虚拟现实产品的商业化，逐渐发展成为一家以制造软件产品为导向的公司，先后研发了一系列虚拟现实设备，包括 Dataglove 和 EyePhone 头戴式显示器和手套。虽然 VPL 在 1992 年末宣告破产，但作为第一家销售虚拟现实产品的公司，他们作出了重大的贡献。

20 世纪 90 年代初期，虚拟现实技术理论不断完善，并始终围绕沉浸性（immersion）、交互性（interaction）和构想性（imagination）这三个基本特征而发展。沉浸性，沉浸即身临其境之意，是指虚拟现实技术开发出来的虚拟环境能够给人以身临其境之感，犹如进入一个客观的真实世界，受众不仅是双眼和大脑进入计算机创造的三维空间虚拟环境，还可以全身心地融入该虚拟世界中，真切地感觉其"真实"性，并使自身的能动作用在知识探索过程中得到发挥。交互性，交互即实时互动与交流之意，虚拟现实技术提供的开放、互动的虚拟环境，可以使受众能够自然地与虚拟环境中的对象实时交流沟通并通过三维交互设备对计算机给出的对象进行操控，使其对环境做出相

---

① 丁选程. 浅谈虚拟现实的发展与展望 [J]. 新课程（下），2017（2）：133.

应的反应。构想性，构想即构思和想象之意，通过构想和模拟现实生活中原本不存在或者极不容易被观察到的环境或事物，可使受众沉浸其中获取新的知识，通过交互提高感性和理性认识，启发人的创造性思维，深化概念并萌发新意，实现意识上质的飞跃。

随着虚拟现实技术的发展，其理论进一步得到完善，但 VR 头盔依旧是概念性产品。加拿大艺术家查尔·戴维斯（Char Daives）在虚拟现实领域作出了杰出贡献，她于 1990 年创作了第一个以 3D 图像为素材的艺术项目"Interior Body Series"。1993 年，戴维斯创作了 Osmose（渗透），让参观者在 VR 中通过呼吸、平衡等操作来探索世界。戴维斯最大的贡献，便是把 2D 艺术引入 3D 虚拟世界中，让二者通过结合互动，取长补短，互相影响。1991 年发布的 Virtuality 1000CS 电玩机是 20 世纪 90 年代最具影响力的 VR 设备，是消费级 VR 的重大飞跃。它使用头戴式显示设备来播放视频和音频，用户可以通过移动和使用 3D 操纵杆进行虚拟现实交互。随后，Virtuality 集团推出一系列街机游戏和机器，玩家将佩戴一套 VR 护目镜，并在游戏机上体验实时的身临其境的立体 3D 视觉效果，一些组件也可以通过网络连接在一起，用于多玩家游戏体验。由于 Virtuality 1000CS 外形笨重、功能单一、价格昂贵，虽然被赋予很大希望，可依然是概念性产品的存在。

在虚拟现实行业中，妮可·斯坦格（Nicole Stenger）被看作沉浸式虚拟现实电影制作第一人。1992 年，她所拍摄的影片 Angels 是第一部虚拟现实电影，影片让观众戴着头戴式显示设备与 VPL 数据手套控制器去探索天使控制的世界。斯坦格一直专注于虚拟现实影片的制作，她于 2007 年创作了让观众可以回到自己祖先时空与他们对话的影片 Dynasty。此外，斯坦格也出版了很多有关虚拟现实与艺术主题的著作，其中最有名的为《思维是流动的彩虹》（Mind is a Leaking Rainbow），她在这本书中把虚拟现实技术形容为一种"技术恩赐"，感官世界在其中和谐地脉动。1992 年，电影《割草人》（The Lawnmower Man）的热播让观众广泛熟知了虚拟现实的概念。影片根据虚拟现实创始人杰伦·拉尼尔早期在实验室的生活改编，电影主人公是一位对精神残疾病人使用虚拟现实治疗的科学家，描述了虚拟现实能使人进入一个由电脑创造出来的、如同想象力般无限丰富的虚幻世界。1993 年，布伦达·劳雷尔（Brenda Laurel）提出了虚拟现实交互影片体验的构想并付诸实践。劳雷尔与另外两个研究人员组成了一个工作室，想要创造一个观众可以完全沉浸其中的故事场景，虚拟世界中的物体可以使用，气味可以闻到，让观众成为一部电影或一段视频的主角。劳雷尔的这个项目虽然没有成功，但是她被认为最早试图开发 VR 沉浸感体验潜力的先驱。斯科特·福斯特（Scott Foster）是 VR 音频的技术先驱，他创办的 Crystal River Engineering 公司于 1996 年推出名为 Aureal 的半导体，用来制作 A3D 和 Vortex 声卡，为目前 VR 中大量使用的空间音频技术奠定了重要的技术基础。

20 世纪 90 年代中期，雅达利、索尼、飞利浦、IBM 等公司都发布了自己的头戴设备。但从整体上看，还仅限于相关的技术研究，并没有带来能真正交付到使用者手上的产品。其中最有影响力的是日本游戏公司 Sega 推出的 Sega VR 和任天堂公司推出的 Virtual Boy。1993 年，Sega 公司在国际消费电子展（CES）上宣布他们为 Sega Genesis 游戏机研发了 Sega VR 耳机。环绕式原型眼镜具有头部跟踪功能和立体音效，以及用于显示的 LCD 屏幕。Virtual Boy 是任天堂公司于 1995 年推出的第一款 32 位游戏机，该设备拥有两块红色 LED 单色显示屏幕，可以模仿人眼视角，即便当时的游戏画面为 2D，但也可通过调整视角形成一定的 3D 效果，这样的配置在当时来说是非常先进的，但这两个设备皆因为成本过高而昙花一现。

综观整个 20 世纪 90 年代，VR 热逐步蔓延至全球，不论是电影、小说还是科技公司都在大力宣传布局 VR，但大多数以失败告终，主要原因是技术难度大、制作成本高。但这一阶段的尝试，丰富了虚拟现实的技术理论，为后续虚拟现实技术的普及与推广奠定了坚实的基础。

### 3.1.3　虚拟现实的再现与延伸

基于麦克卢汉对媒介的认识，任何技术都倾向于创造一个全新的人类环境。虚拟现实当然也不例外，作为现实世界的一种镜像，它是一个无体积、无密度、无压强、无温度等物理属性的比特宇宙①。

虚拟现实技术的作用之一是对真实世界的再现，"再现"既是对人性的模仿，也是对真实世界的复制，包括再现内容的准确化和再现方式的人性化②。

---

① 金定海，吕文婷. 虚拟世界就是特殊的现实世界——VR 元年的体验性反思 [J]. 广告大观（理论版），2017（4）：62 – 67.

② 贺洪花，黄学建. "再现"和"延伸"——媒介进化论视角下的虚拟现实 [J]. 中国新闻传播研究，2016（12）：23 – 30.

再现方式的人性化是指技术总是朝着找回人类原始感官平衡的方向发展，努力模仿人类最自然的行为方式和思想方式。正如保罗·莱文森所言，"媒介的进化趋势使再现真实世界的水平不断提高，但同时，这样的再现又试图维持原始媒介在时空方面完成的延伸"。再现内容的准确化则是指对远离人工环境的"真实空间"的追求，对自然环境的无限贴近。虚拟现实技术使人机界面从以视觉感知为主发展到包括视觉、听觉、触觉、嗅觉等多种感官感知通道交互的界面，从以手动输入为主发展到包括语音、手势和视线等多种效应通道输入的界面①。通过对使用者视觉、听觉、触觉、嗅觉等感官知觉的模拟和三维虚拟环境的构建，让使用者以最自然的方式与环境进行互动，从而给用户带来多维立体的景深感，让他们相信物体就在眼前。同时根据用户的活动来变换场景，将信息回传给眼睛、耳朵、鼻子、手等感官，产生一种身在其中的心理体验，这就是再现方式人性化的具体体现。

麦克卢汉在《理解媒介》一书中指出，人类在机械时代完成的是对身体的延伸；在电子时代完成的是对中枢神经系统的延伸②。麦克卢汉的延伸理论与时空跨越存在某些相似之处。比如，飞机扩展了人们的位移功能，是足的延伸；衣服延伸了人体的温度控制机制，是皮肤的延伸；望远镜扩展了人们的视野，是眼睛的延伸；电话实现了人的异地实时交流，是嘴和耳朵的共同延伸；计算机能够代替人类计算、记忆和分析，是人的大脑和中枢神经系统的延伸。最新发展的虚拟现实技术通过计算机对听觉、视觉、触觉、嗅觉等各种感官进行模拟，给人带来的更是一种全新的延伸，给人以前所未有的极大的视觉冲击和心灵感受，使人类感受世界的范围得到了极大拓宽，认识世界的能力也得到了空前增强，并实现了对原始媒介时空延伸能力的维持。虚拟现实技术的出现，为人类更好地认识世界和感知世界开辟了一条全新技术途径。

虚拟现实技术不仅能够全面延伸人体感知范围和能力，而且可以促进科技发展与社会进步。通过虚拟现实技术模拟机器运行、核反应过程和天体运行等，可以加速新技术的发明，揭示事物发展的内在规律。然而人类对于未

---

① 张宁，罗卫华等. 基于虚拟现实技术的轮机英语环境仿真研究 [J]. 计算机仿真，2015，32 (6)：212－217.

② [加] 马歇尔·麦克卢汉. 理解媒介：论人的延伸（增订评注本）[M]. 何道宽译. 南京：译林出版社，2011：4，87.

知总是充满畏惧，对新技术可能带来的负面影响总是心存担忧。麦克卢汉也曾多次表达了对新技术的担忧，因为一种用于缓解身体压力的人体的技术延伸，可能会产生更为严重的心理压力。虚拟现实是人类为了抗衡或抵消集体压力和刺激，为了缓解身体压力而创造出的技术延伸，但它是否会给人类造成更加严重的心理压力尚未可知。麦克卢汉指出，感官得到延伸也就意味着这部分感官的"麻木""截除"和"弃用"。当人类进入虚拟现实的场景里，设备和环境的人工参与会完全屏蔽人类身体的直接知觉，当虚拟现实全面延伸人类感官功能时，人类自身的感官有可能会面临被完全截除的危险。正如车辆是足的延伸，当汽车和自行车等代步工具被发明之后，足的行走功能就会被弱化。虚拟现实为人类建造了一个虚拟世界，媒介的延伸功能使漫无边际的世界变成人人皆可互通互联的"地球村"，而虚拟现实又在真实的世界之外延伸出一个更加无限的世界空间，这可能会让人类陷入虚拟与现实的混乱之中。

麦克卢汉认为，人类在电子世界中是处于麻木状态的，媒介在与人类接触的瞬间便会产生魔力，接触和控制媒介的能力的实质是避免潜在的自恋昏迷状态。因此，我们要意识到虚拟现实的"虚拟"本质，与之保持距离是虚拟现实理论与技术不断得到完善与广泛应用的发展进程中需要警惕的关键，并对它可能给人类感知和思维带来的负面作用保持清醒。

## 3.2 虚拟现实技术的应用与两重性

从技术角度而言，虚拟现实技术是一项集成技术，囊括计算机、电子信息、仿真技术于一体，综合运用了计算机图形技术、计算机仿真技术、人工智能、显示技术、传感技术及各种控制和接口设备等，通过对现实世界的模拟，使受众全方位地沉浸在可交互的三维环境中，拥有广阔的空间体验。自20世纪80年代起，虚拟现实理论逐步得到完善，虚拟现实技术实现了对真实环境的再造，并被广泛应用于人们的日常工作与生活中。

### 3.2.1 虚拟现实技术的初现

随着时间的推移，人类已经创造出了更多更丰富的方式来刺激我们的感官，伴随着虚拟现实思想的萌芽，虚拟现实技术逐步显现。20 世纪 60 年代到 70 年代末期可以看作虚拟现实技术的初现阶段。

计算机图形学之父、计算机科学家伊凡·苏泽兰特（Ivan Sutherland）首次提出感觉真实、交互真实的人机协作理念。他在 1965 年发表的"The Ultimate Display"（终极显示）一文中指出，计算机系统通过显示器将声音、景象、行为与事件进行逼真的模拟，使其成为一扇观察虚拟世界的窗户。它的概念包括：观察者通过 HMD 观看虚拟世界，通过增强的 3D 声音和触觉来促进用户的沉浸感；计算机硬件生成 3D 世界，当观察者转动身体或者眼球时，场景会实时变化；用户可以通过现实的方式与虚拟世界中的对象进行交互。他在文章中写道："未来必将会是这样，在一个由电脑操控一切事物的房间内，人可以坐在虚拟的椅子上，手可以被虚拟的手铐束缚，而且房间内的人有可能被突如其来的虚拟子弹击中而致命。通过适当的编程，显示器可以营造出真正的爱丽丝走进的仙境。"① 这篇论文对计算机图形交互系统进行了论述，可以看作当下整个虚拟现实（VR）和增强现实（AR）概念的核心蓝图。伊凡试图将自己这种幻想以设备的形式制造出来，1968 年，他研发了第一款计算机图形驱动的头戴显示器及头部位置跟踪系统，被称为"达摩克利斯之剑"。尽管名为头戴式显示器，但由于当时硬件技术限制导致设备相当沉重，根本无法独立穿戴，必须在天花板上搭建支撑杆，才可以正常使用，而且计算机生成的图形是非常原始的线框房间和对象。头部位置追踪系统与头戴式虚拟现实设备的诞生为当今的虚拟技术奠定了基础，是虚拟现实技术发展史上一个重要的里程碑。

美国计算机艺术家、互动艺术家迈伦·克鲁格（Myron Krueger）是虚拟现实和增强现实领域的早期阶段或第一代研究员之一，在此之前，大多数人称虚拟现实技术为"仿真"技术。他在威斯康星大学（University of Wisconsin）攻读博士学位期间，从事了许多计算机互动的工作，其中包括 Glow Flow，作为早期虚拟现实环境原型，它是一个由计算机控制，以人响应作为输入的环境。在此之后，他提出了电脑互动的观念并将虚拟现实的概念带入了艺术创作。1973 年，他提出"人工现实"（artificial reality）一词，被认为

---

① Ivan, S. The Ultimate Display [J]. 1965.

是最早提出的虚拟现实概念①。并于 1985 年创建了第一个可以让用户与虚拟物体进行交互的 Videoplace 系统，这是一种全新的交互体验，利用摄像机采集用户影像，利用传感器采集用户动作。这种早期的人机互动方式，对日后 Room - Scale 等虚拟现实技术的发展有着深远的影响。

电子游戏之父诺兰·布什内尔（Nolan Bushell）在 1972 年开发出第一个交互式电子游戏 Pong，真正将电子游戏这种娱乐带入大众世界。在这个游戏里，画面中间一条长线作为所谓的"球网"，然后两边各有一人控制一条短线当作"球拍"，然后互相击打一个圆点，即所谓的"乒乓球"，失球最少者得高分。第一台 Pong 主机被放置在一家酒吧里，玩的人络绎不绝，大获成功。威廉·格鲁伯（William Gruber）于 1939 年制作的 View - Master 立体镜，其后期发展被用于"虚拟旅游"。立体镜的设计原理也被应用于当今较为流行的 3D 立体视觉模拟技术，以及结合手机使用谷歌纸板（Google Cardboard）和低廉的 VR 头戴式显示器。它们都是通过计算机技术和显示成像技术对左右眼分别提供一组视角不同的画面来营造出双目视差的环境，从而让人感觉到立体画面。埃里克·豪莱特（Eric Howlett）在 1978 年发明出一种超广视角的立体镜呈现系统——"LEEP"（large expanse extra perspective）。LEEP 系统尽可能地矫正了在扩大视角时可能产生的畸变，把静态图片转换为 3D 效果，LEEP 的镜头拥有 VR 头盔镜头中最大的视场角。帕尔默·洛基（Palmer Luckey）在 2011 年定制的第一款 Oculus VR 原型也是采用 LEEP 的镜头方案。虚拟现实和新媒体艺术领域的制作人迈克尔·奈马克（Michael Naimark）教授跨越了艺术与科学的界限，萌生了建立一个让人身临其境并能与人产生交互的"媒体室"的想法，并于 1978 年与团队创建了阿斯电影地图（Aspen Movie Map）项目。这是一个由超媒体（hypermedia）和虚拟现实技术合成的系统，此项目模拟再现了阿斯彭（Aspen）市（位于美国科罗拉多州）的原貌，用户可以自由穿梭于街景中进行所谓的虚拟之旅，还可以感受不同季节中的城市样貌。该项目把人放在一个虚拟的世界，让他们有真实的感受。这是早期版本的谷歌地图的雏形，也是虚拟技术发展的一个垫脚石。

基于以上虚拟现实技术的前期发展历程，可以看出，通过虚拟现实技术形成的虚拟环境并不完全是凭空虚拟的。它可以分为三种情况：第一，对客

---

① 周逵，宋晨. 虚拟现实研究的理论框架与核心议题［J］. 当代传播，2017（4）：57 - 59.

观真实环境的模拟。比如历史遗址、建筑物、文化古迹等真实存在于现实环境中的，或是处于构想阶段尚未成型的，抑或曾经存在但已发生变化、受到破坏或消失的。第二，对人类主观环境的虚构。比如利用可视化技术构建出的虚拟风洞环境、影视剧中通过后期制作的科幻场景、运用三维动画设计的虚拟场景等。第三，对客观存在但肉眼不可见事物的模仿。比如气流的速度、高空的气压、分子的结构等人类无法通过感官感知但却真实存在的。

虚拟现实技术中的"虚拟"是指用计算机技术模拟生成的意思，而"现实"则是泛指现实世界中的事物和通过计算机模拟产生的三维空间虚拟世界中的事物，它既可以是物理意义上存在于世的任何事物或环境，也可以是现实生活中几乎无法实现或存在的事物。由于人们在现实生活存在各种欲求且无止境，总是与有限的现实条件构成矛盾，但是人们多数情况下想要得到的仅仅是对实体属性的感受，而虚拟现实技术正好具有虚拟出实体的属性，由此这一需求就可以得到很好的满足。在计算机模拟的虚拟环境中，人是其中的主宰者，即人可以通过计算机软件的开发设计和通信技术，将自身"映射"其中，实现对虚拟环境的操控。随着网络技术的不断发展，可以将单个人与虚拟世界的互动扩大到一个巨大的公共场所，实现更多人彼此间自由、充分的互动，给人以更加逼真的、趋于无限的"现实"体验。

现实世界里的事物理论上都可能在虚拟世界里成为"现实"，然而虚拟世界里"现实"出来的事物并不一定都能够在现实世界里找到。虚拟环境的设计是基于现实世界中的人，来源于人的生活、想象与创作，为了满足人类的欲望和需求，具有随机性、复杂性、自由性与无限性①。人的认知源于实践，而虚拟现实在认知与行为上对人类的帮助是不可限量的，它无限扩展了人类的实践领域，给人类的生活方式带来了巨大的改变。虚拟现实技术对实体属性的实现无限丰富了人们的生活图景，并且创造了伟大的商业契机，促进了体验经济时代的到来。

### 3.2.2 虚拟现实技术的应用

随着虚拟现实技术的高速发展，智能化也被纳入虚拟现实的特征中。

---

① 张如良. 虚拟现实与哈贝马斯的公共领域理论 [J]. 西安交通大学学报（社会科学版），2009，29（3）：67–70.

21世纪初至今，伴随三屏立体现实技术的问世，虚拟现实技术得到更广泛的应用，软件开发系统不断完善，虚拟现实应用逐渐大众化和多元化。虚拟现实技术从研究型阶段转向应用型阶段，在科研、制造、医疗、教育、航空、军事等领域得到广泛的研究与应用。

高密度显示器和3D图形功能的智能手机的兴起，使得新一代轻量级高实用性的虚拟现实设备成为可能。深度传感摄像机传感器套件，运动控制器和自然的人机界面已经是日常人类计算任务的一部分。2006年，美国国防部斥巨资建立了一套虚拟世界的《城市决策》培训计划，对相关工作人员展开模拟训练，一方面提高大家应对城市危机的能力，另一方面测试技术的水平。2008年，美国南加州大学的临床心理学家研发一款"虚拟伊拉克"的治疗游戏，用于治疗创伤后应激障碍。尽管21世纪的第一个十年被看作虚拟现实沉寂的十年，但是这些例子也足以证明虚拟现实已经开始渗透到各个领域，并生根发芽。直到2012年，Oculus VR公司的创始人帕尔默·勒基（Palmer Luckey）启动了Oculus Rift众筹项目，研发出Oculus第一个开发者版本。两年后，Oculus Rift第二个开发者版本面世，Facebook公司用20亿美元将其收购，成为VR行业第一个天价收购案。该事件强烈刺激了科技圈和资本市场，全球投资者的目光又一次聚焦VR行业，各大公司纷纷开始推出自己的VR产品，三星推出了Gear VR等，索尼公司公布了Morpheus头盔计划，谷歌发布了廉价易用的Cardboard。消费级的虚拟现实产品在此阶段开始大量涌现，沉寂了多年的虚拟现实技术由此迎来了井喷式的发展，VR浪潮开始席卷全球。

以HTC、微软、脸书、苹果等科技巨头已经发力VR产业，2015年以来，全球VR产业进入初步产业化阶段，涌现出了HTC Vive、Google glasses、苹果公司的View – Master、索尼的Play Station VR、微软的HoloLens等一系列产品。与此同时，国内企业大量跟进，暴风魔镜、蚁视、印象派等先后问世，大批中国企业纷纷进军VR市场。《中国虚拟现实（VR）行业发展前景预测与投资战略规划分析报告》指出，我国虚拟现实技术应用行业的投资规模在2015年达到了15亿元左右，2016年增长到56.6亿元，预计2020年将达到600亿元[①]。巨大的市场潜能让国内资本对VR产业趋之如鹜。从2014年到2015年6月VR产业的投资情况来看，53%的投资集中在硬件设备的制作上，

---

① 孙江华，王思雅. VR时代在家看院线电影的可行性研究 [J]. 当代电影，2017（8）：127 – 131.

36% 集中在内容制作，余下的 11% 则集中在分发平台，硬件设备方面表现突出，有 9 家企业获得了投资。阿里巴巴、腾讯、百度等巨头纷纷布局 VR 产业链，VR 创业者也大批涌入，据不完全统计，目前国内有超过 150 家的 VR 设备开发公司，这个队伍还在不断扩大。

最初使用虚拟现实技术的是军事领域，主要用来模拟飞行环境对飞行员进行模拟实战训练。在虚拟环境下，飞行员配有与现实飞机相同的仪器设备，感受"真实"的飞行环境，这种方法不会危及飞行员的生命，给飞行员提供了一种理想的训练模式。在教学领域，虚拟现实技术能够提供两种应用模式：虚拟课堂和虚拟实验室。虚拟课堂是以学生和老师作为虚拟对象，形成所谓的"虚拟大学"；虚拟实验室是将仪器和设备作为虚拟对象，利用计算机开发出能够模拟检测或测控输入与输出信息的虚拟实验仪器，用于替代真实仪器，完成诸多费时费力的真实实验。例如在医学教育过程中，通过模拟人体解剖仿真实验和虚拟病人解剖练习，可以显著提高学员的医学水平和动手能力。在娱乐领域，虚拟现实技术的应用目前主要体现在游戏体验上。逼真的三维虚拟环境和丰富多彩的感知互动实现手段，使得三维视频游戏成为老少皆宜的休闲娱乐方式，各种智力型游戏、作战型游戏以及驾驶型游戏的竞相开发，丰富了人们的业余生活。在工业产品设计领域，虚拟现实系统的应用为广大工程人员利用全球网或者局域网开展产品的三维设计和仿真分析提供了最有效的技术手段，极大地提高了新技术的研发速度，降低了新技术研发的成本。以房地产领域为例，虚拟现实技术完全超越了传统的沙盘、三维动画、效果图等表现手法，通过逼真的三维虚拟动态全方位展示，充分显示了建筑、人、自然的和谐统一，同时低成本的虚拟样板间可以让客户提前感受"家"的温馨和协调。

随着虚拟现实技术的不断进步，虚拟环境的设计甚至完全可以达到以假乱真的程度，通过虚拟现实的三维设备与物体接触，进行人机交互，可以让处在虚拟环境中的受众犹如身临其境，与现实环境感知近乎无差别。目前，虚拟现实技术在建筑设计和房地产销售、教育培训和医疗培训、娱乐游戏和影视作品等众多领域开始得到日趋广泛的应用。由此可见，虚拟现实技术带来的体验升级将对世界带来极大的改变，在不断催生出大量应用需求的同时，还将引发人机交互技术的不断革新，并对操作系统及云计算等领域产生颠覆性的影响。

### 3.2.3　虚拟现实技术的两重性

技术具有两重性，技术产生的后果有积极的一面，也存在消极的与技术要实现的目的相背离或不一致的一面，西方一些学者称之为"技术悖论"①。从哲学角度来看，虚拟现实所展现的世界不仅具有虚拟性、交互性，还具有物质性、精神实在性与时代超越性等特征②。虚拟现实技术在扩展人类精神交往领域的深度与广度的同时，也会对用户自身产生主体精神解放和主体自身异化的两重影响。这种两重影响的产生并非来自技术本身，究其根源是由现实社会关系的复杂性所决定的③。

虚拟现实技术既可以促进认知发展，也可能损害认知发展，其两重性主要体现在五个方面：主体的精神沉沦、主体为技术奴役、主体的社会性散失、主体的个性散失、主体很难感受到集体的温暖。虚拟现实通过多种技术的集成，立体化地拓展了人的感知空间，实现了对现实世界或想象世界的再现或"拟真"，延伸了人的五官感知，使人得到极大的感官满足。通过虚拟现实技术所展现出来的近乎与现实世界逼真的虚拟世界，不仅能够拓展实践客体的范畴，揭示实践的本质，而且能够辅助人类发掘更深层次的存在于意识和幻觉中的新境界。虚拟世界作为一个开放、平等、无中心、无边界的平台，非常适合主体在这样一个无人干扰的虚拟空间中自由交流与平等对话。然而虚拟的情境在根本上恰恰是非真的，具有很强的欺骗性和蒙蔽性。当主体将过多的精力和情感投入虚拟世界中，沉迷于虚拟空间混淆真实与虚幻的界限，将虚拟现实假想为现实的对象，极易使之心态封闭，患上"网络社交障碍症"，极易导致主体社交面狭窄，社交关系淡漠，甚至在现实人与虚拟人的角色转换中失调，引发现实生活中精神的缺失或散失，最终失去现实中的自我。马尔库塞（Herbert Marcuse）曾指出，当代技术在创造物质文明的同时也可能使技术产生异化，把人变成单向度的人。在虚拟世界中生存的人极易忘却自

---

① 陈昌曙. 技术哲学引论 [M]. 北京：科学出版社，2012：191 – 192.

② 蒋乐蓉，罗如为. 虚拟现实技术的哲学思考 [J]. 湖南理工学院学报（自然科学版），2010，23（1）：87 – 89.

③ 陈晓燕，黄友生. 虚拟现实技术对主体自我实现的两重影响 [J]. 天水行政学院学报，2008（3）：42 – 44.

我，违背人存在的本性，成为技术的奴隶①。而主体为了加强对虚拟客体的控制，则会不断地对技术、装备和系统进行更新，最终导致主体的金钱、精力和时间均被技术所奴役。

麦克卢汉引用希腊神话中那喀索斯（Narcissus）的故事说明电子媒介作为人类中枢神经系统的延伸，将导致人的"恍惚"和"麻醉"。这一担忧同样适用于虚拟现实领域，虚拟现实对人的延伸，究竟是真切的满足，还是虚幻的麻醉？在人现实生活中，人与人之间面对面的交流极为重要，甚至很多时候是必需的，人机交往无法完全替代直面交往。对于成长中的学生，习惯于虚拟现实塑造的拟真环境，甚至长时间沉迷于虚幻世界中不能自拔，极易丧失对现实生活的体验，必将导致其社会交往能力下降，退化其独立思考、理性判断的能力，这种情况应予以警惕。伊尼斯认为，每一项新的媒介技术都为我们提供了新的思考内容、感知方式与思维方式，虚拟现实的本质是"虚拟"，我们应该对其可能带来的负面作用时刻保持警惕。美国哲学家希拉里·普特南（Hilary Putnam）提出了"缸中之脑"②（brain in a vat）的假想，并提出"你如何得知你现在未处在这种困境之中"的问题。梦境与真实，虚拟与现实，究竟何为真，何为假？我们是处在现实中，还是处在我们自己的感觉世界中？当人们在网络电商平台上看到一件心仪服装或一份诱人美食的时候，它究竟是真实存在的物品还是电脑合成的虚幻产品？当计算机制造的虚拟现实可以操控人的认知与行为的时候，人的大脑能否自行意识到自己存在于虚拟现实之中？

虚拟现实作为一种低成本、高效率的新型高端技术，涵盖了科学技术的诸多方面，在许多领域迅速发展。对于虚拟现实技术本身的研究和该技术下的应用研究是其发展的两个方面。第一，虚拟现实技术首先要实现的就是"真实"，这里的"真实"指的是通过虚拟现实技术呈现出与现实世界无差异的体验。在技术发展的现阶段，虚拟现实技术的产业链发展才刚刚形成产业循环的雏形。预计经历过一个快速发展期后，虚拟现实技术终端将开始由单一向多元、由分立向融合方向演变，产业应用不断扩大，并在诸多行业中发

---

① 曾立胜. 虚拟现实技术对认知发展的局限性探讨［J］. 软件导刊（教育技术），2013（8）：85 - 87.

② 美国哲学家希拉里·普特南在《理性、真理与历史》（*Reason, Truth and History*）一书中提出"缸中之脑"的思想实验，将笛卡尔的怀疑论模拟了出来。

挥不可替代的作用。第二，任何行业的增长都与该行业人才的能力相互匹配，由于虚拟现实技术涉及图形图像、输入算法、交互、光学等尖端领域，对于人才要求极高，随着各个行业对虚拟现实的大量投入与需求，人才匮乏成为虚拟现实产业发展的重大阻碍。只有人才的数量与能力达到一定的程度，虚拟现实行业才能实现更大的指数级增长。我国于 2019 年正式设立"虚拟现实应用技术"专业，这意味着虚拟现实被正名，技术标准得到统一并普及，"虚拟现实应用技术"作为标准课程进入高职院校可以让更多人正确地认识虚拟现实，也让这一技术能够以最快的速度推广下去，为虚拟现实产业的长远发展奠定了坚实的基础。

感觉是人类最直接的感知方式，虚拟现实技术所构建出的环境与事物对于人类感官来说是真实存在的，对于所构造的物体来说又是虚无的，这便是虚拟现实的两重性。因此，虚拟现实环境应当为用户提供有效、直观的交互，使其具有身临其境的沉浸感，以环境内部空间的视角理解信息与观察事物，进而提升用户的抽象思维能力①。也许当下人们还无法清晰地勾勒出虚拟现实技术发展的未来，相关技术和产品的成熟也还需要时间的锤炼，但不可否认的是，随着时间的推移，虚拟现实技术终将会成为一种全新的重要的新媒介和新平台。通过积极探索虚拟现实与 5G 网络技术、人工智能、智能制造、云计算等重大领域间的融合创新与发展，虚拟现实技术将向着更智能、更机动化的方向发展，在未来的游戏、社交抑或更多工程领域中得到更加广泛的应用。

## 3.3 虚拟现实技术对受众认知能力的延伸与影响

虚拟现实技术伴随着现代计算机技术、网络技术、移动通信技术、电子商务技术的不断发展，已经从过去影视作品的虚幻世界描述，发展到诸如心理疾病的治疗、网络环境下的情景式电商购物、虚拟混合的网络社交等与人

---

① 宋乃亮，特荣夫，冯甦中. 虚拟现实技术在科普教育中的研究与实现 [J]. 科普研究，2010 (5)：29 – 33.

类息息相关的日常生活中①。人类已经开始进入一个可以足不出户知晓天下事、无须进入商场就可以随心所欲购物和消费的境地，由此将彻底改变人类对事物的行为与认知。这种通过技术手段产生出来的"现实"，必然会引起人类对于现实和虚拟世界认知的混淆和变化，对人类思维的认知方式和行为产生反作用。虚拟现实技术对人的延伸与影响主要通过其沉浸性、交互性和构想性这三个特性来体现。

### 3.3.1　沉浸性体验对受众感官的延伸

现代认知心理学认为，人类对事物的认知是通过声、形、意三种不同的途径获得的，人类大脑按照事物的不同性状将其分成声码、形码和意码三种编码，分别存储在大脑中不同的部位。人的认知过程就是对外界感知的信息进行不断的编码、存储、检索、分析和决断的过程，人对世界的认识来源于感觉经验，是大脑对于实在的感觉活动。当一个人用头盔显示器和数据手套等工具将自己完全沉浸在一个用 VR 技术构建的体验式电商购物平台等虚幻世界里时，由于其听觉、视觉及手感通道被工具所封闭，由此产生虚拟视觉和虚拟触动感，并通过声、形、意对大脑的刺激，给人以一种真实的"错觉"，形成沉浸式的感受和虚幻体验，这种对受众感官的延伸可以通过直接性刺激和间接性刺激来体验。

1. 沉浸式的直接性刺激

心理学研究结果表明，受众的心理感受是通过感官的刺激带来的。人类的生存源于现实世界，并由"可能"发展而来，由此形成了可能与不可能、现实与虚拟的二元对立关系。虚拟现实使人类进入另一个可能世界，里面既有对可能性的虚拟，也有对不可能性的虚拟。这种不可能性的虚拟，一旦超越现实并形成巨大的反差，必将给受众带来直接的刺激性体验。在诸如虚拟现实影院那种完全沉浸式系统中，使用者可以通过视觉、听觉、触觉等各种感官感受完全浸入与现实相差无几的虚拟环境中，进而在心理上产生紧张和恐惧感、快乐与轻松感、苦闷和忧郁感等。从受众认知中的注意和记忆角度

---

① Stetz, M. M. C. , Ries, R. I. , Folen, R. A. Virtual Reality Supporting Psychological Health ［M］//
Brahnam, S. , Jain, L. C. Advanced Computational Intelligence Paradigms in Healthcare 6. Berlin: Springer,
2011: 13 - 29.

考虑，这种沉浸式的直接性刺激既可能促进认知的发展，也可能导致对现实世界认识的混淆。

丹尼斯·麦奎尔等认为，受众认知的主动性（即自主性）是指"接受者通常是有选择地理解、解释和记忆讯息"[1]。这一结论对虚拟现实技术依然成立，假如人完全丧失了视、听、嗅、触、味五感的时候，人们所感受到的将全部是大脑诠释的虚假或真实的电子信号。在虚拟现实的世界中，"什么是真实"来源于人对世界的哲学反思。主观唯心主义代表人物贝克莱曾提出"存在即被感知"的命题，那么存在的就是被感知的吗？还是感知了的就是存在呢？是存在决定意识，还是意识决定存在？笛卡尔提出"我思故我在"，认为作为主体的"我"是无法被怀疑的，是存在的。关于存在与虚无、真实与虚幻，按照马克思的辩证唯物理论的观点，二者既是对立的，又是相互辩证统一的。虚幻来自真实，虚无来自存在。虚拟的东西在人类精神思想领域会创造出一个虚幻的"真实世界"，让人们以此寻找一个精神上的寄托，得到心灵上的慰藉。

### 2. 开放式的间接性刺激

间接经验在人类关于世界与事物的认知过程中占有相当大的分量。卡西尔认为，人的生活世界之根本特征就在于，人总是生活在"理想"的世界，总是向着"可能性"行进，并通过技术化的人工制品来获取丰富的间接经验[2]。

科幻电影作为虚拟现实技术最为成熟和广泛的应用，从剧情设计到后期特效，影视创作者利用电脑合成技术，已经成功地将虚拟现实以科幻的形式注入电影中。从《黑客帝国》到《阿凡达》，非现实空间创作成为科幻电影的主流；《星际迷航》是全息甲板技术运用的代表；《盗梦空间》使观众进入到亦真亦幻的梦境世界；游戏改编的电视剧《古剑奇谭》中也出现了类似虚拟现实的概念，剧情中提到的"梦魂枝"可以使服用之人陷入长期沉睡，永远活在自己构建的美好梦境里，这与未来人们沉浸在利用计算机虚拟出来的完美的难以辨别真假的世界里的构想大同小异。科幻电影中的种种探索反映

---

[1] McQuail, D., Windahl, S. Communication Models for the Study of Mass Communications [M]. Routledge, 2015.

[2] [德] 恩斯特·卡西尔. 人论 [M]. 甘阳译. 上海：上海译文出版社，1985：77-78.

了人们对于外延空间的憧憬。

受众认知不仅具有主动性，还具有被动性，二者是对立的统一，在一定条件下相互转化。无论是主动认知还是被动认知，都是个体在长期的认知活动中形成的心理倾向，而个体并不能完全意识到这种心理倾向。研究表明，人本质上是被动物，人更多的是进行被动认知，在被动认知中争取主动。通过虚拟现实设备，间接地在虚拟现实空间中得到感官上的刺激，其本质也是一种被动的认知过程。虚拟现实技术所营造出的虚拟空间没有界限、没有限制、没有规则，受众可以根据自己的想象在这个空间中随心所欲地进行创造。当受众体验到其中的自由之感和所谓的幸福感时，大脑便会通过六感而受到刺激进而选择沉浸其中。

目前高速发展的虚拟现实技术作为一种全新的媒介方式，已经能够直接完成对物理空间的二次"真实"建构。这种由虚拟现实技术创造出来的"真实"，模糊了真假、虚实的界限。麦克卢汉在隐喻性本体论哲学中的"虚拟互动延伸"观点认为，若现实中的人类社会仅仅通过抽象的媒介技术去认识世界，并通过虚拟的"真实"去推理，则最终将导致受众与社会之间的相互冲突，并造成人类认知的曲折发展[①]。游戏或影片中的虚拟场景和情节如同现实中发生，最新发展的电商购物平台中用电脑合成的精美产品展示，在极大地提升受众感官刺激的同时，会使受众沉迷于虚拟空间，分不清虚拟与现实，根据虚拟环境中眼见的"真实"和心灵感受，容易出现错误的判断进而误导受众的行为。

虚拟世界是无中心、无界限的，其开放、平等的特点适合于主体自在交流和平等对话。恩格斯说："随着自然科学领域中每一个划时代的发现，唯物主义必然要改变自己的形式。"[②] 歌德说："生活在理想世界，就是要把不可能的东西当作仿佛是可能的东西来对待。"[③] 格雷厄姆指出："一个虚拟社会组织不是一个现实社会组织毫无区别的复制品，而是一个具有特殊性质的新

---

① 李曦珍，楚雪. 媒介与人类的互动延伸——麦克卢汉主义人本的进化的媒介技术本体论批判 [J]. 自然辩证法研究，2012，28（5）：30-34.

② ［德］弗里德里希·恩格斯的《路德维希·费尔巴哈和德国古典哲学的终结》，写于1886年，同年发表在德国社会民主党理论杂志《新时代》的第4~5期上，1888年出版单行本。1963年中国共产党中央马克思恩格斯列宁斯大林著作编译局根据德文重新译校出版，并收入人民出版社1965年出版的《马克思恩格斯全集》第21卷。

③ ［德］恩斯特·卡西尔. 人论 [M]. 甘阳译. 上海：上海译文出版社，2013.

类型社会组织。"① 思想和意识具有同一性，虚拟主体是在生物主体之上的创造，除了外在特征的塑造外，还有思维、认知等方面的重塑，这必然引起人作为主体在现实世界中的认识和思维发生本质上的转变。虚拟现实环境为主体营造出完全封闭的沉浸式状态，容易引起主体在现实与虚拟的角色转换中失调。

### 3.3.2　交互性感知对受众心理的延伸

交互性反映的是受众对虚拟环境内物体的可操作程度和从环境获得实时反馈的自然程度，在虚拟环境中，人们可以通过自己的动作主动地改变感受的内容。当人们处于虚拟环境中，视野中的物体可以随着眼睛和手的移动而移动，并可以直接用手去触摸甚至握住环境中的虚拟物体，握住东西的感觉和物体重量会通过特定的设备和传感系统实时反馈给用户；在网购交互式虚拟环境中，人们可以根据自身的喜好进行随心所欲的试衣、试鞋等生活体验。交互性感知对受众心理的延伸主要通过心理能动性来引导受众行为和通过行为抉择来改变心理认知。

1. 心理能动性引导受众行为

心理能动性是人心理固有的一种特性，是通过实践产生的一种能动反映。心理的能动性并不是随心所欲的"自由意志"，而是基于社会实践经验的积累并通过思维的抽象与概括，使人的行动成为自觉行动，进而产生巨大的能动作用。

一位志愿者曾描述了他在斯坦福大学虚拟人机交互实验室（VHIL）进行的一次体验感受。志愿者戴上一个装有两块显示屏的头盔套，站在一个空无一人、地面平坦的空旷房间内，其一举一动通过身上携带的数码设备进行精确追踪。志愿者开始四处张望，周围的景象似曾相识，他想要离开这个房间，但是离开的唯一方式就是走过面前的独木桥，他必须小心翼翼，因为稍有不慎就会坠入桥下黑暗的深渊。他在内心时刻提醒自己这一切都是假的，但却不敢踏出一步。当他终于勇敢尝试用脚触碰桥旁边的黑暗区域，才确认眼前只是一块平实的地面，冲破了虚拟与现实的空间错觉。

人的行为是人与环境相互作用的结果，完整的虚拟现实系统是指由计算

---

① 　Graham, G. The Internet: A Philosophical Inquiry [M]. London: St Edmundsburg Press, 1999: 151 – 166.

机创造的三维虚拟环境中的一切看起来、听起来、摸起来都是真的，与现实世界中的各种感觉相差无几，使人难辨真假。尽管部分体验者会一再给自己心理暗示，告诉自己仍然保持原地不动，但视觉、听觉及触觉等感官上的冲击会给人的心理带来很大的压力。美国著名心理学家班杜拉、沃尔特斯等人在20世纪60年代提出了社会学习理论，该理论从人与环境的交互作用和认知因素这一视角全面分析人的行为模式的获得，强调人的行为与环境是相互作用的，认知在行为产生和改变的过程中具有重要的影响①。

　　电影《盗梦空间》利用虚拟现实的概念以超现实的方式呈现出一个造梦、盗梦、改梦的科幻故事，影片弥漫着对社会各生活阶层的隐喻性反思。随着虚拟现实技术的日益发展，电影中的"造梦"等科幻场景已经能够通过虚拟现实技术得到"真实"再现，沉浸在虚拟现实环境中的人们逐渐混淆真实与梦境，心理随之异化进而导致人的意识与身体皆沉迷于虚拟的真实之中。

　　2. 行为抉择改变心理认知

　　当前不断发展的虚拟现实技术已经能够模拟甚至操控包括思想、意识和价值观等在内的人的内心世界，因而极易引发个体身份认知方面的危机。人的精神活动由意识、前意识、潜意识三部分组成，潜意识是人们经验的储存库，它由许多被遗忘的欲望、知识、经验组成②。在虚拟世界中，受众的潜意识通常将虚拟现实假想为现实的对象，认为虚拟客体是真实的，自主沉浸在虚拟世界而丧失现实中的自我，导致个体身份认知危机。《盗梦空间》中梅尔在她与丈夫科布共同创造出来的梦境中体验到了"执子之手、地老天荒"的完美人生而失去了回到现实的兴趣。玄幻电视剧《古剑奇谭》中欧阳少恭的梦魂枝可以为食用者构建出他们所梦想的生活，所以人鱼自愿选择活在虚拟出来的梦境世界中而在现实世界中永远陷入沉睡。网络电商平台上逼真的三维精美产品展示和沉浸式虚拟互动体验，极易激发原本没有多大购买兴趣的受众内心的购买欲望，进而促成购买行为的实现。在《黑客帝国》中，拥有完美乌托邦的虚拟世界由于人类的复杂情感和无尽的欲望，导致人类快速死亡，而按照人类现实世界创造的虚拟世界，尽管会有竞争和各种争端，但最

---

　　① 刘京林. 大众传播心理学［M］. 北京：中国传媒大学出版社，2005.

　　② 毛牧然，陈凡. 哲学视野中的虚拟现实（VP）——兼评戈登·格雷厄姆VP技术哲学思想［J］. 自然辩证法研究，2003，19（10）：36-40.

终却得以运行。影片中的背叛者赛佛,由于无法忍受现实世界的残酷与恶劣的环境,为了让自己的意识可以永远留在虚拟世界而选择背叛人类。他的心理代表着一部分人的想法,与其在现实中过得悲惨,不如在梦中享受快乐。

美国早期的心理学家华生认为:人类的行为无论是正常的还是病态的,都是经过后天学习而获得、更改、增加或消除,环境决定了人的行为模式。1930 年,新行为主义的代表托尔曼对华生的上述极端观点进行了修正,他认为:个体所受刺激与行为反应受个体当时的生理和心理状态这一中间变量的影响,这个中间变量包括需求变量和认知变量。虚拟世界的建立是以现实世界为模板而进行的一系列幻想,是人们美好的向往。现实世界是残酷的、无情的,有许多法律的限制和道德的约束,而虚拟世界是自由的,"我"在其中可以是任何"我"希望的样子。在一个完整的虚拟现实系统中,参与者可以根据自己的梦境或者向往的生活方式来设计虚拟世界,进而完全沉浸其中无法自拔。想象你正在聚精会神地观看一部沉浸式电影中的某个精彩情节片段,突然一个可怕的景象出现在眼前并伴随着令人恐惧和刺耳的尖叫声。对于在传统电影院或者电脑、电视机前的受众来说,当突然听到这种尖叫声时,受众可以选择转开头不看,捂住耳朵,或暂时离开,但是对于沉浸式体验的受众来说,他们会因身临其境而感到恐惧,除非取下头盔否则无法逃离。这种刺激所带来的恐惧和焦虑会对使用者造成心理上的伤害,尤其是未成年受众群体,因混淆现实与虚拟现实的关系而酿成的悲剧时有发生。

在现实生活中,人的认识首先通过对现实的直接感受而获得,然后依据抽象思维对感性认识加以归纳,最终形成对事物的理性认识。马克思认为实践是人类直接经验的来源,是人类感性认识的前提与基础。基于虚拟现实技术给受众带来的实践和亲身感受,往往是一种伪实践,是借助沉浸式虚拟现实环境对受众感官的持续性刺激,进而可能引起心理变化和对认知的扭曲。英国诺丁汉特伦特大学心理学家高泰(Angelica Ortiz de Gortai)教授通过研究发现,长时间穿戴虚拟现实设备会提高游戏迁移症的患病几率。当一个人完全沉浸于虚拟现实的世界中,他将完全脱离现实生活。德国汉堡大学施泰尼克(Frank Steinicke)教授和布鲁德(Gerd Bruder)教授曾做过一项试验,研究报告显示,将一位试验者置身在虚拟现实环境中 24 小时,尽管让试验者每两小时休息一次,但是经过一段时间之后,试验者开始迷惘,逐渐混淆虚拟世界与现实世界,无法分清自己何时处于现实世界,何时处于虚拟世界。在虚拟现实环境中，参与者的心理和行为方式发生了很大改变，他们在虚拟现实世界中投入真实的情感之后，将会彻底混淆虚拟与现实的界限，甚至渴望永远生活在虚拟世界中，而逃避现实世界所带来的困苦。沉迷于虚拟现实环境中的人一旦回归现实世界，就会出现迷失感，他们会对自己的现实身份产生迷惑、矛盾，对自身定位和价值感到失意、绝望，对自己所面对的现实世界产生反感、抵抗，相反他们更加认可虚拟现实中的"我"。

　　虚拟现实技术在游戏领域的发展逐步成熟，一些大型游戏中的人物设置、场景设置、故事情节设置都与真实世界相差无几，许多游戏玩家特别是未成年受众，当极度沉浸在游戏世界中时，将逐渐远离现实生活并减少与他人之间面对面的交流，完全生活在自己的幻想世界中。由于未成年受众的世界观尚处在形成过程中，对外部世界的认识不全面，长期沉浸在虚拟世界里，必将导致其逐渐逃离现实、丧失自我，甚至诱发自闭症、社交恐惧症等各类心理疾病。

### 3.3.3　构想性实现对受众意识的延伸

　　构想性是指虚拟现实技术不但能够为受众呈现出与现实完全一样的环境，还能让受众在虚拟的环境中随意构想脱离现实的环境并使之在虚拟环境中成为现实，掌控角色之间的社会关系。

　　1. 思维与观念的延伸

　　"如果说沉浸性是使人具有真实感受和获得真实体验的根本，交互性是实现人机和谐的关键，那么构想性则是辅助人类进行创造性思维的基础。"① 思维包含观念，思维与观念是意识的一部分，人可以通过意识自主地感觉和认识自身及外界事物的存在和变化，可以自主地进行思考，意识是思维的前提和基础。

　　在现实生活中，人的思维和观念转化，往往需要经过漫长而辛苦的努力，甚至受客观条件的限制无法付诸现实。虚拟现实技术使现实世界中的不可能变成虚拟世界中的可能，突破传统思维方式，形成新的认识，赋予思维直观性和可行性，将原先仅存在于人脑的思维过程直观化、可视化。虚拟现实技术可以把人脑海中构想出的大漠草原、蔚蓝大海、繁华都市、静谧森林等场

---

① 曾国屏，李正风，段伟文等. 赛博空间的哲学探索［M］. 北京：清华大学出版社，2002：67–68.

景真实地呈现给受众,而且眼睛看到的虚拟环境可以随着视角的变化而变化,就好比电影《盗梦空间》中男主角所说,"人类一个简单的念头可以创造城市,一个念头可以改变世界,重写一切游戏规则"。站在认识论角度,虚拟现实本质上是一种人与现实世界,即主体与客体之间的中介系统。站在本体论角度,虚拟现实则是形式上的虚拟、功能上的实在。

### 2. 主体性的延伸

所谓主体性,就是人作为主体的规定性。笛卡尔将"我思故我在"作为近代认知主体性哲学的第一原则,其中"我"是主体,"思维"或"理性"是主体的根本特性。他用怀疑的方法将主客体进行分化,当人的思维不断超越自我,不断摆脱意识的能动性,便确立人的主体性,思想活动无法离开人而独立存在。虚拟现实技术的实现使得人的思想活动由大脑转向计算机,当计算机程序可以对人脑进行完全控制的时候,那么主体作为主体性存在的先决条件则开始发生转变。

人的主体精神在虚拟现实技术的作用下得以宣泄和释放,构想性实现使得主体的创造性得到最大限度的发挥,主体认知从被动转变为主动,拓宽了主体的认知范围。虚拟现实技术让人的意识形成一种更为强烈的自我感受,意识到个人能力的无限性。人对物质的需求在一定程度上是有限的,而对精神上的需求则是无限的,虚拟现实技术是为了满足人对精神世界的需求而产生的。在现实世界中,人们会考虑自身的地位、尊严以及对个人或他人的影响,人际交往都要恪守一定的规则,如果违背便会受到社会道德的谴责,难以获得成功。当人在现实环境中无法实现自身价值、欲望无法得到满足时,便开始在可以自行控制的虚拟现实世界中寻求归属感,当欲望在其中得以实现,自身价值得到认可之后,就极易沉浸其中,甚至自己逐渐疏远自己。这是作为人类意识属性的一种转变,也就是普遍意义上的虚拟现实技术的主体性转变①。

### 3. 自我认知的延伸

现实世界中的"我"具有一定的社会属性,具有特定的定位,而在虚拟现实的世界里,"我"的身份是自由的,摆脱了现实的束缚,只受内心道德和

---

① Murray, C. D., Sixsmith, J. The Corporeal Body in Virtual Reality [J]. Research in Philosophy & Technology, 1999 (9): 315 – 343.

自身修养的制约。虚拟世界中的"我"可以对应弗洛伊德的"本我",暴露出人在现实社会中受到压制的自然属性的弱点,这是一种削弱了"自我"和"超我"限制性的"我"。

在虚拟现实环境中,交往的对象是以计算机为中介虚拟出来的,人们可以肆意宣泄,不受外界限制,具有自由性与自主性。这种虚拟思维实践,把人的感知和反应能力提高到亦真亦幻、虚无缥缈、无时空局限的程度,使实践主体产生感知的超验性。不愿忍受现实世界制约的人们甚至可以根据自己的设想,依靠虚拟现实技术构建理想世界,沉迷于虚拟世界中天马行空,寻找心灵的寄托。电影《父子雄兵》中男主人公范小兵对父亲说的一句话:"我可以把去世的亲人们都输入到程序中,让他们在眼镜里面陪你打麻将,这样你就不会再孤单了。"表面看似具有喜剧性,却反映出虚拟现实技术发展带来的问题[①]。当虚拟现实技术发展成熟到一定程度的时候,生与死的界限在虚拟环境中被抹去,人们沉浸在虚拟现实创造出来的世界里,那么现实世界里的生与死是否还有意义?

任何科学技术的发展都具有双面性,虚拟现实技术作为一种超越电影、电视、网络等流行传播媒介,可实现跨时空在场交流的超级传播媒介新型工具,通过其沉浸性、交互性和构想性等技术手段所营造出的超越现实的奇幻体验和感官刺激,虽然仅仅是一种如柏拉图"洞穴隐喻"中墙上火光倒影般的二手性真实,并非是人和自然、社会、他人乃至自己内心的直接联系,但是所创造出的作品涉及诸如认识论、价值观、伦理学、心理学和文化传统等问题,也会给人类的心理、认知和行为带来正面和负面的影响,甚至颠覆人类长期生活积累所获得的已有认知。对于受教育程度较高的受众,暂时性的沉迷所带来的副作用相对较小,也相对容易从虚幻的境界中摆脱出来,甚至能够从中学会利用该技术开展工作。但是对于受教育程度不高的人群,特别是涉世未深的青少年及受教育程度不高且对外部世界见识不多的受众,沉迷于虚拟世界所带来的副作用往往很大,他们更易于被虚拟世界中的无拘无束和欲望满足所迷惑,最终产生心理上和道德上的转变。

虚拟现实技术在医疗、娱乐及航空航天等领域被广泛地应用,通过远程

---

① 高慧琳,郑保章. 虚拟现实技术对受众认知影响的哲学思考 [J]. 东北大学学报(社会科学版),2017(11),19(6):564-570.

医疗手术系统，身在偏远地区的患者也可以接受名医的远程治疗；虚拟现实技术的临场参与交互能力可以让手脚不便的受众或远在外地的人们通过虚拟音乐厅欣赏音乐会；VR仿真训练系统可以逼真地模拟太空中的各种场景和突发状况，方便航天员进行仿真训练。成熟的虚拟现实技术可以打破真实与虚拟的界限，同样也可以模糊生与死。当人们可以在虚拟世界中与去世的亲人对话交流，甚至玩乐生活，谁还会愿意继续留在残酷的现实世界中去面对困难挫折与生离死别？当人们足不出户沉迷于网购的同时，人与人之间直接的情感交流必将日趋减少。因此，在积极发展虚拟现实技术甚至是更加先进的科学技术的同时，更要注重技术对人的行为与认知的影响，尤其是青少年儿童，应在他们认知状态尚未成熟之前引导其树立正确的世界观。只有辩证地看待虚拟现实技术积极与消极的共生性，把握虚拟现实技术的本质，才能更好地发展虚拟现实的正面效应，抑制其负面影响。

# 4 物联网技术对麦克卢汉媒介观的拓展

物联网（Internet of things，IOT），即物物相连的互联网，从广义上来讲，是指万事万物都可以通过网络相互连接、相互沟通，为人类提供便利。随着信息与智能时代的到来，互联网技术兴起，新媒介技术带给人类和社会的影响逐步证实了麦氏理论的前瞻性与合理性。物联网技术是互联网、移动互联网、大数据、云计算、人工智能等技术的综合应用，是新一代信息技术的重要组成部分，也是智能时代重要发展阶段的一种全新媒介技术。物联网技术的不断发展成熟，对麦克卢汉"媒介即讯息""地球村"等理论的横向拓展具有重要的促进作用。麦克卢汉曾预言，电子媒介的发展将使世界日益成为一个"地球村"，而物联网技术的普及使这个预言得到了进一步拓展。在麦克卢汉语境下，万物皆可以被看作媒介，即"泛媒介"，客观世界的物质形态随着技术的发展而改变，人机物之间的联系逐步加强。技术的发展大多建立在"人的延伸"基础上，技术的需求是基于人的需求被创造的，但同时也要受到社会的制约。因此，在探讨技术与人的关系之外，技术与社会的关系以及技术对人与社会的辩证影响，同样不容忽视。

## 4.1 移动互联的传播特性及其对"地球村"形成的影响

从农耕时代到工业时代，再到信息时代和智能时代，科技的进步推动着人类社会的发展。麦克卢汉曾预言，随着电子媒介技术的快速发展，人与人之间的联系越来越紧密，在未来的某一天，地球终将会变成一个村庄，人类将重归部落化的"地球村"。互联网自诞生之日起便在全球范围内掀起一场革命，人类开启了一个新的时代。随着移动互联网技术的崛起，"地球村"理论逐渐得到学界的认可。移动互联是全球共同面对的课题，亦是物联网技术发展的核心与基础，它所引发的变革是时代性的。

### 4.1.1 移动互联网的传播与构建

互联网（Internet），音译因特网、英特网，又称国际网络，一般是指通过网线将不同地域和独立的电脑连接起来，形成一个能够实现信息和资讯互联互通的网或者网络，始于 1969 年美国的阿帕网。移动互联网（Mobile Internet）是将移动通信与互联网相结合，形成一种可移动的网络实时交互，是互联网发展的必然产物，亦是互联网技术、网络平台、商业模式和现代通信技术结合并实践的活动总称。

1. 从互联网到移动互联网

互联网是基于制度、社会、文化、技术等多重因素的作用下通过计算机将世界各地的人们紧密连接在一起。移动互联网则是移动通信和互联网二者融合的产物，它的接入途径主要是智能手机。移动互联网将手机与互联网的双重优势进行了有效融合，既有随地、随时、随身的方便性，也有开放、分享、互动的自主性。

互联网是高效即时实现全球信息资源汇总的载体，对社会结构与组织形态进行解构与重建，具有扁平化、中心化、自组织的特点，给人类带来了经济、文化、社会、政治等各方面深层次的变革。互联网用户从年轻人扩大到中老年人，从小众走向大众、从精英走向平民。互联网的用户地域范围从城市逐渐扩大到广阔的农村，并伴随网络社交应用、网络数字娱乐、电子商务、电商消费、网上支付等新模式、新业态的应用，逐步构建并形成一个面向全球的人与信息连接、人与人连接，以及人与商品连接的超级互联网。

智能手机的问世标志着移动互联网时代的到来。十年之前，移动互联网仅仅是通信的附加品，其核心是信息传播。五年之前，移动互联网是互联网的附加品，其核心是移动应用。时至今日，移动互联网本身已经成为人们一种不可或缺的生活新方式，渗透到人们工作、生活中的各个方面。移动互联网经历了即时通信、社交娱乐、电子商务、细分领域四个发展阶段，其创新之处是衍生出了大量线上线下结合的细分领域新模式，如团购、外卖、打车等。移动互联网具有移动性、私密性、融合性、便捷性、智能感知、个性化、多样化等特性。基于移动互联网的便捷性、便携性与即时性，人们接收和处理互联网上的信息仅需利用工作与生活中的碎片化时间即可，实现 24 小时随身在线的快捷生活。在移动互联网蓬勃发展的时代，刷微博、聊微信已经成为人们生活的一部分，人们可以随时随地的查找资讯、协同工作、即时沟通、娱乐消费、分享感受。人们的生活再难离开手机，而手机亦不再是手机，而是移动互联网的终端。

移动互联网给人们的生活方式带来了翻天覆地的变化，成为推动产业乃至经济社会发展最强有力的一种技术力量。回首人类历史发展进程，农耕时代、工业时代、互联网时代给人类社会带来了一次又一次的变革，科学技术推动了人类社会的进步。如今，移动互联网革命正悄然改变着人们的日常生活，并开创了一个全新的时代。

2. 移动互联网的传播规律

事物运行规律可以分为显性规律和隐性规律，显性规律是指人们能够看得见的规律，隐性规律指的是人们在生活中看不到也摸不到但真实存在的规律。在移动互联网时代，同样存在着显性规律和隐性规律。

移动互联网在带来诸多便利的同时也加速了各行各业的竞争，其中最为本质的竞争是用户注意力的竞争，也就是渠道的竞争。目前，微博、微信等社交新媒体已经成为人们获取信息来源的主要渠道。人们获取信息的方式从传统媒体的单向被动接受，转变成基于新媒介技术和个人兴趣喜好的主动搜索与接受。各类新闻第一时间的发布不再是通过报纸、广播、电视等传统媒体，而是通过这些新媒体渠道开始发布，进而传播发酵形成舆论，这些渠道遵循着移动互联网的传播规律。由于人们只能从表象看到信息通过这些渠道和载体进行传播，却看不到这些信息源自哪里又是如何传递的，因此上述资讯的传播规律属于隐性规律。移动互联网信息有开始也有结束，事件的热度会随着时间而降低，会被其他后来者代替。在这些信息当中，有些会被人们记住成为经典或者历史，而有些则会被大家所过滤和遗忘，这一规律与传统媒体的新闻时效性类似，属于一种显性规律。

探讨移动互联网的传播规律，首先需要研究信息的源头。移动互联网的信息传播一般是从单个个体为源头，然后演变成为多个个体或者平台一起推进这个信息的规模化。其次是信息的发酵。从源头开始，一旦某个事件具有引爆的趋势或者因子，随时就会有其他媒体平台和社交平台对其加以渲染和传播，这些平台大多具有极大的号召力和影响力。许多热点的信息都起源于某些源头并持续发酵，进而成为热点话题。微博利用其开放性的特点和名人效应，能够把一件事情瞬间变为热点事件，甚至成为全国乃至全球性的舆论事件。以"杜嘉班纳辱华事件"为例，由于该品牌创始人在国外社交软件上发表辱华言论，被网友截图发布到微博上并被广泛转发。这一消息迅速在各大社交媒体和新闻网站广泛传播，对该品牌的抵制声瞬间弥漫在舆论场。诸多相关合作明星和模特看到消息之后随即表态进行抵制并拒绝参加当晚活动，最终导致活动取消，且多家网络购物平台对其商品进行下架处理。如果说微博、微信等图文式社交软件让表达更为直接、分享更为便捷，那么近几年抖音等短视频软件的爆发使信息传播更为直观，信息的可视化传播使受众有了一种亲临的感受，并给人带来巨大的视觉冲击。移动互联网打破了时间与空间的限制，人们获取信息的方式更加多样化，新媒体获得了更大的发展空间。

在移动互联网这个巨大的信息网络中，变的是传播信息的载体和方式，不变的是信息的传递。移动互联网的发展促进了新媒体技术的传播，这给传统媒体带来了巨大的冲击，借助新媒体的传播优势帮助传统媒体进行转型与改革，有利于推进媒体行业的持续发展。

3. 移动互联网的现实问题

移动互联网发展20余年历经沉浮，不断重塑人类社会。随着技术日新月异，形形色色的互联网产品日益更迭，线上线下的融合越来越紧密。信息的碎片化趋势和病毒式传播，在凝聚社会共识的同时，也面临一些言行不一、别有用心的键盘侠们兴风作浪和对舆论的恶意引导。移动互联网在为人类社会孕育新生机、带来新可能的同时，也面临着政治风险以及对人类道德底线的挑战。

移动互联网带来的现实问题主要有：个人信息泄露、存在信息鸿沟、语言文化差异、信息霸权与电子殖民，以及对网络信息系统的攻击给人类带来的巨大不便甚至危害等。

（1）个人信息泄露容易造成社会恐慌与不安。全球最大社交网站 Facebook 在 2010 年被爆出大量用户的个人信息遭遇泄露，安卓手机在 2012 年被指大量用户的个人信息遭遇泄露，引起了人们对互联网安全与隐私问题的担忧。不法分子对用户信息进行监控、偷窃甚至曝光，使得看似美好的"地球村"面临着严峻的网络安全隐患。

（2）信息鸿沟难以填补。麦克卢汉单纯从技术能带来什么出发讲述了一个关于"地球村"的神话，却忽略了人们对于感受"大同世界"是有前提的。理论上，要重归麦克卢汉理解的部落化大同世界，处于"地球村"中人应当具有被媒介技术影响的平等机会。但是由于国家、社会、经济、文化等多方面的原因，不同的受众所能够接触到的媒介种类、与媒介相处的时间以及被媒介技术影响的程度各不相同，显然这些阐述超出了媒体技术理论的范畴。

（3）语言文化差异无解。按照麦克卢汉的"地球村"概念，仅仅是简单化地缩短了地理上的距离，但是由于各国、各地在语言、文字和文化背景上的差异，所谓的充分了解世界各国的风土人情，也只能算作是一个美好憧憬。一些在美国生活了多年的华人，依然无法融入当地社会中；有些在华工作多年的外籍人士，依然戴着西方人的有色眼镜评价中国，未能真正理解中国文化的博大精深。此外，在虚拟的网络世界里，不同的种族通常拥有其各自不同的交流圈，信息的获取渠道主要源自本国媒体，对其他国家缺乏应有的了解，容易导致肤浅的民族情绪发生病毒般的扩散，日积月累终将形成巨大的误解与隔阂。虽然目前网络上各类外语的实时翻译软件日趋普及和完善，掌握多语种的人逐渐增多，但是让没有太多机会融入不同语言社会群的人去理解非母语群体中人的喜怒哀乐，毕竟是一件极其困难的事情。

（4）信息霸权与电子殖民。发达国家通常拥有相对先进的信息技术和丰富的资源，大部分信息生产和流通都在一些发达国家的操控之中，信息资源和信息技术尚属落后的发展中国家在技术上不得不依赖发达国家。然而，一些拥有先进情报组织和资源的发达国家总是通过掌控的重要信息来源和经济信息手段来影响他国经济，甚至对其实行高压政策和内政干涉，搞民主分裂和内战，令这些发展中国家面临国家主权被侵害的风险。这种信息霸权与电子殖民主义的危害，已经完全背离了麦克卢汉期待的共享"地球村"理念，成为"地球村"形成过程中的绊脚石。

一个完全依赖网络的社会，一旦网络本身遭受攻击和破坏瘫痪，甚至比一个城市突然断电给人类带来的危害和损失更加巨大。如何避免人为破坏，特别是应对来自敌对国家发动的网络侵略和网络战争，是需要研究解决的又一新的难题和巨大挑战。移动互联网时代，机遇与挑战并存。对传播手段与话语方式进行革新，提高用网治网水准，提升信息的公信力、导向力、传播力与影响力，不让虚拟世界成为法外之地。在把握机遇、促进发展的同时，注意规避风险，及时应对发展进程中衍生出的新矛盾与新问题。

### 4.1.2 移动互联网对"地球村"形成的促进

移动互联网技术的发展在不断颠覆人类传统的行为和思想边界。如果曾经的技术限制了我们的想象，那么在信息载体的容量近乎无限、多种社交工具能够实时推送全球资讯的今天，能够限制移动互联网可能性的也许只有想象本身。麦克卢汉的"地球村"理论虽然大部分体现的是人的个体感官，但是当个体感官被延伸之后，对社会结构的组成与发展也必然产生影响。由此可见，从"科技改变生活"到"网络改变生活"，再到"移动改变生活"，媒介技术本身可以将人的感官系统不断延伸，进而促进"地球村"的形成。

1. 距离感与空间感的消解

按照麦克卢汉的理解，随着电子媒介加入生活，人类个体感官被不断延伸，直接导致地球上人与人之间的空间距离和物理距离被缩短，信息传播的地理距离也在不断缩减，世界正在逐步演变为一个共同体——地球村。在地球村里，理论上各个国家和民族都不再具有物理距离的限制，地球村的形成弱化了时间和空间的概念。但是在当今社会，这种令人振奋的、具有和谐画面的、世界大同的地球村并未真正实现。

距离指的是相隔的长度，它包括时间上的相隔、空间上的相隔、人际关系与思想感情上的相隔。而时间与空间上的相隔，是网络无法改变的。移动互联网在信息交流方面具有快捷性和方便性的同时，对人际关系和思想感情也产生了很大的影响。智能手机通过移动互联网将人与网络世界联系得更加紧密，同时也造成现实中的人与现实世界沟通联系和实际接触变少，越来越多的手机依赖症患者和拇指一族出现在我们的生活中，甚至出现一对坐在一起的恋人似乎只有通过手机网络语言才能交流和表达彼此情感的囧事。网络的交流方式是单一化的，而人类的感情则是丰富的、复杂的、立体的。网络只是人类发明的一种工具，移动互联网确实为人类的远距离沟通提供了方便，但是我们不能因此而过度依赖网络，否则会导致人们逐渐畏惧与人面对面正常交流，进而导致口头表达能力下降。虽然网络丰富了人与人之间交往的渠道，但是它拉近的是现实与虚幻的距离，而非现实与现实的距离。久而久之，人们会沉迷于虚拟的网络世界而忽视现实世界中的身边人，进而疏远了人与人之间的距离。也就是说，移动互联网拉近了人们在虚拟世界中的距离，却疏远了人们在现实世界中的距离。

任何技术的发展都具有双面性，移动互联网技术亦是如此。网络世界是虚拟的，是人与人交往感情的纽带，它打破了空间、地域、时间等方面的客观因素限制，拉近了人与人之间的空间感、时间感、距离感，实现了人与人之间便捷的交流与行为。随着人们对互联网的意识逐渐提升，网络接触越来越频繁，取代了很多现实接触，在一定程度上疏远了人与人之间的距离。但是，网络与现实是有差距的。人们在现实世界可以通过表情、语言、动作的沟通而产生感情、信任和友谊，这在网络虚拟世界是无法实现的。由此可见，网络对于人与人之间距离感和空间感的消解，既带来了正面影响，也带来了一定的负面影响。

2. 人与信息的互联互通

麦克卢汉曾指出，自动化将终结诸多传统观念的职业，例如汽车制造行业中，机器人正在替代流水生产线上的工人。电子媒介将会使许多人退出原来那种条条块块割裂的、分析式功能的、分割的社会，产生一个人人参与、互相沟通的新型整合的地球村，整个人类群体合为一体，而传播媒介在整个过程中起着至关重要的作用。[①]

全球网民人数呈井喷式增长，移动互联网对于个人的影响不容忽视。移动搜索是移动互联网的主要入口，这个入口畅想着人与信息互联互通的未来，觊觎着其对人类经济社会生活可能产生的影响。回首移动互联网近十年的发展历程，移动搜索以信息思维为主导，主要解决的是信息不对称的问题。当万物实现互联互通，任何主体之间的信息不对称和不透明的状态将得到极大的缓解，信息、资讯的进入和退出也将变得更加便捷。任何技术的更迭与发展都是围绕着人的动机、行为、需求进行演绎，移动搜索通过对人的各种需求场景进行渗透，信息的质量得以质的提升，为人的需求提供精准服务，以实现更高层次和意义上的互联互通，即真正意义上的"信息联通对个体的服务"。

移动互联网在为人们带来广阔的"精神栖居地"的同时，也让人们被

---

① ［加］埃里克·麦克卢汉，弗兰克·秦格龙编. 麦克卢汉精粹［M］. 何道宽译. 南京：南京大学出版社，2000：395.

"信息茧房"紧紧包围着。人们可以随时随地接收和掌握信息,时间和注意力被分割成无数碎片。人与人之间的联系跨越了地理上的界限,但却疏远了与身边人的交流。在人与信息互联互通发展的道路上,依然存在上述需要人们思考和解决的社会问题与哲学问题。

3. 个人信息的保护

网络拓展了人们的生活外延,社交、支付等生活方式面临着重新定义,个人信息被置入网络数据之中,其信息安全及隐私保护的问题逐渐受到各界的关注。

在互联互通的网络时代,为了满足人们日常生活需求而建立的诸多网站、网络支付平台和 App 软件等,通常都需要采集个人信息、征信和授权要求,甚至这些个人信息被要求在一定范围内共享,由此带来了令人担忧的个人信息泄露和被恶意利用的隐患,以及个人信息能否得到安全保障的社会问题。大数据在不断打破基于不同平台建立的信息孤岛的同时,也存在如何保护好包括个人信息在内的数据城池的难题。随着社会信息化程度的不断提升,个人信息已经成为互联网时代的另一种"身体发肤",从某种意义上来说,个人信息保护方面存在的短板,影响着用户对网络世界的信任感和安全感。

麦克卢汉从人的感知能力经历的从完整到分裂再到完整三个阶段,由此提出人类社会将经历从部落化到非部落化到再部落化的发展变化的观点,其中的"再部落化"便是"地球村"阶段,"地球村"是通过网络技术和现代科技带领人类走向新的"大同世界"。在电子科学技术逐步形成的时代,人们对大同一致的需求,实际上就是对全体人类共同处于和谐世界的追求。然而,大数据和网络给人们带来互联互通和大同共享的同时,也存在诸如信息泄露等安全问题。从治理个人信息泄露的角度,加强立法、健全制度是治本之策。

4. 传播思维的瓦解与重建

一项技术特别是具有变革性的技术,从其原理发明、技术完善到工程和社会的普遍应用,往往需要经历几年甚至几十年的历程。珍妮纺纱机从一个单一的纺织新原理和新技术的发明与应用,到逐渐改变了当时世界的纺织业,甚至影响到东西方经济格局,并被后人定义为工业革命的开端,其跨度经历了几十年。信息技术和互联网技术的发展亦是如此。在"互联网 +"等现代媒介技术迅猛发展的当代,媒介技术已经从单向、被动、机械的模式发展为共享、互动、智能的模式,媒介技术对信息的获取焦点也从功能性输出转移到了社交文化方面的链接①。自从社会开始迈进移动互联网新时代以来，以智能手机和平板电脑终端为代表的智能化移动设备日益普及，受众获取信息的渠道和方式发生了革命性的改变，传统的传播思维迅速瓦解，新的划时代的传播模式开启与重建，由此书写了媒介范式转型的新篇章。

麦克卢汉将媒介形象地比作转换器，认为旧媒介总是要向包含有旧媒介内容的新媒介转换②。麦克卢汉定义的媒介演化进程虽然复杂和微妙，却又显而易见。人类一旦将新的媒介技术作为自身的延伸工具，就开启了人与媒介技术一种新的互动。反之，这种互动要求人们做出能够适应技术更新的调节。在信息化与智能化并驾齐驱的时代，电脑与智能手机正在慢慢地改变着人们的生活，影响着人们的注意力，颠覆了人类的思维方式、阅读习惯以及记忆能力，人类大脑被逐渐重塑。大脑作为思维的器官，通常不会凭空想象，只有输入足够丰富的信息，才会有比较、鉴别，甚至推理和创新等思维过程。当下，智能手机已经成为人们日常生活、学习、工作中不可或缺的移动工具和实时获取资讯的媒介。人们开始习惯了手机上网的方式，大脑每天被各种有用或无用的信息不断地灌输，为大脑思维提供各种原材料和半成品的同时，也在潜移默化地改变人对信息传播思维的理解和认识。

瑞士苏黎世大学的神经科学家发现，同样是使用智能手机，使用触屏手机的人和使用按键手机的人对信息的接收和思维存在差异。研究团队跟踪调查监测了 26 名使用触屏手机的用户和 11 名使用传统按键手机的用户的脑电波，发现使用触屏手机的用户其躯体感觉皮质的形式和功能会发生变化。人们在使用数字技术的过程中，大脑内部的感觉加工区域在不经意间被改变。神经学家阿尔科·高许（Arko Ghosh）博士指出，这一发现证明了大脑具有可塑性及配合环境的能力。智能手机用户这种大脑的改变就和敏锐的小提琴家一样，其大脑中与手指头相关的区域要比别人更大。大脑的这种改变虽然能够增加脑和手指间的联系，提高手指的灵敏度，但是任何技术的发展都具有两面性，这种影响到底是好是坏，仍然无法定论。

科学技术的发展对于人类的生活是一把"双刃剑"，带来便捷的同时也带

①　刘玲华 . 重组"碎片化"：移动互联时代的文化逻辑［J］. 中国图书评论，2017（9）：53 – 59.

②　［加］马歇尔·麦克卢汉 . 理解媒介：论人的延伸（增订评注本）［M］. 何道宽译 . 南京：译林出版社，2011.

来了一定的困扰。手机的存在降低了人与人沟通的时间，缩短了通信时间，从书信到电子信息，从纸质到电子设备，信息传播速度的增加让人们的沟通更加便捷，提高办事效率。但是，手机在缩短人们沟通距离的同时增加了人们的心理距离。人们专注于手机上提供的各种信息，却对身边发生的事情漠不关心，人与人面对面的交流逐渐减少，这已经成为社会的常态。因为频繁地使用手机及互联网社交产品，容易造成大脑思维的断层和重新组合，这会导致人们逐渐缺乏深度思考和深度工作的能力，成为没有专注力、没有创造力的跟随者。手机智能化让人类的思维方式被瓦解和重建，并依赖于网络，人们已经无法想象离开网络应当如何工作和生活，地球已经逐渐演变成为"地球村"。

### 4.1.3 移动互联网的价值体现

随着互联网络、移动通信网络与信息技术走向融合，世界迈入移动互联时代。智能手机、平板电脑、智能手表等移动互联数据终端作为信息制造、传播、交互与存储的智能化设备，同时具备声音、文字、视频的输入与输出、网络连接与计算的强大功能。智能化设备的大量使用和推广，改变了信息传播的方式，对人们的生活与社会的发展产生了巨大影响。如今，移动互联网已突破工具或渠道的配角定位升级为主角，移动互联网完成了新的"连接"。这种"连接"以更低的营销成本和组织成本碾压了过去工业时代的传播模式，使越来越多的传统媒介要服从于网络带来的新媒介。

1. 传统媒介的被迫转型

1974 年，在整个新闻界再次为第四权①的胜利而激动憧憬的时候，没有人会相信，《华盛顿邮报》会在 40 年后卖给将传统出版行业送上绝路的亚马逊创始人——贝佐斯。其实不仅仅是《华盛顿邮报》一家，在互联网的快速普及和发展背景下，遭遇滑铁卢的传统媒体还有很多，如《芝加哥太阳报》将自己的专业摄影师团队解雇，无以为继的《新闻周刊》最终停刊，有着百年历史的《新共和》被 Facebook 联合创始人收购。可以说，在互联网的冲击下，新媒体的出现对于传统媒体带来极大的冲击，很多传统媒体都陷入了发

---

① 第四权又名第四权力，是指在"行政权、立法权、司法权"之外的第四种政治权力。第四权是约定成俗、自然而然形成的，第四权所指的即是媒体、公众视听。

展的绝境，寻求改革和转型是存活下来的唯一方法。

移动通信技术从 2G 发展到 3G、4G，再到现在的 5G，技术进步催生的相对于有线互联网的移动互联网时代已经到来。随着移动互联网技术的成熟，用户行为和需求的逐步养成，移动互联网技术颠覆了众多传统行业的现有生态。新媒体获得了广阔的发展空间，信息传播渠道更加多样化，人们可以打破时间和空间的限制，更加自由地获取信息，受众群体不断增长，逐渐成为市场上的主流①。以人民日报为例，为适应媒体变革形势，加快推进传统媒体与新兴媒体融合，在 2014 年 6 月 12 日正式上线人民日报客户端，并在运营过程中进行了三大改变：一是改变信息生产模式，从报纸端转为移动端；二是改变用户连接模式，从隔日转为实时，从间接转为直接；三是改变内容模式，在提供优质内容基础上增加提供特色服务。移动互联网的普及和社会化阅读模式已经形成，深刻影响着互联网传媒的内容发展方向。如何打造一个符合主流阅读并适合分享的内容生态，打造高质量原创内容，避免同质化内容泛滥，是要解决的关键问题。

互联网等新兴媒体的快速崛起和媒体的数字化，引起了全行业的巨变，在新旧媒体交融之际，信息内容框架和话语权开始重新分配，传媒产业的规模与结构也开始发生变革，甚至对各国的政治、经济与社会结构都带来了潜移默化的影响，并成为促进社会经济发展的一支重要驱动力。在大数据、云计算、物联网、可穿戴设备等数字技术发展与应用的推动下，移动互联网等新型媒介已经成为一个集内容、关系、服务于一身的综合服务平台。

2. 新旧媒介的跨界融合

在传统媒介基础上发展基于网络的新媒介面临的重大问题在于如何实现新旧媒体的无缝链接和深度融合。虽然近年来各类媒体都在努力加强渠道、内容、平台、管理、经营等的深度融合并不断向纵深发展，传统的大众传播模式在媒体数字化和信息传播碎片化的双重作用下进行了创新性变革，"媒介融合"也已开始成为媒体发展的"关键词"和"主旋律"，但是依然存在如何处理好网站、电视台、客户端之间的关系，破解人事关系和生产关系困局等亟待解决的难题。

为了推动传统媒介和新兴媒介的融合发展，首先需要强化互联网思维，

---

① 尚凌博. 互联网思维下的新媒体传播规律探析 [J]. 新媒体研究，2017（21）：4−5.

遵循传播规律和新兴媒介的发展规律，坚持内容建设为根本，新旧媒介优势互补和协调发展，才能不断促进新旧媒介在内容、平台、经营、渠道、管理等全方位的深度融合①。报纸作为最有效、最广泛的传统媒介，随着移动互联网对社会生活的全面渗透和智能手机超越台式电脑成为第一大网络终端，其业务受到了巨大的甚至是致命性的冲击。在移动互联网时代，移动新闻阅读已经成为现代人的一种生活习惯，传统媒介的生存面临严峻挑战。传统纸媒如何在新时期下继续发挥自身的优势，激活读者的商业价值，已经成为各大报刊企业探索向新媒介转型发展，不断探索新的商业盈利模式的首选任务。在以百度、搜狐、谷歌等网络巨头独占新闻客户端鳌头的背景下，国内外各大报刊媒体企业纷纷加快了权威主流新闻客户端的建设。在内容融合上，包括人民日报、新华社各大媒体纷纷围绕新闻的采、编、发等环节开展了"一次采集、多种生成、多元传播"的流程再造工程，建立了全媒体发布平台，为传统媒介与新媒介的深度融合奠定了坚实的技术基础。然而，新闻客户端并非简单地把企业门户网站搬到移动互联网上，而是需要把线上用户分到线下进行各种场景的适配，这是因为所有移动应用的本质都是通过应用来聚合人的。三网融合的逐步落实推动了新旧媒介的融合，广告主有了更丰富、更多维的营销手段，受众也有了更多的个性化选择。在复合型传播时代，受众已经发生了巨大的变化，人们的媒介接触复合程度也越来越高，互联网媒介与电视媒介的受众重叠快速增长，手机网民的应用行为越来越广泛。同时，媒介的复合型发展使人们的媒介接触保持每时每刻、随时随地的永远在线状态。

　　面对不断组合变化的大环境，媒介需要适应跨界融合的趋势要求，寻找创新型的发展及营销模式。目前各传统媒介企业在媒介融合的进程中，结合自身特点通过技术创新和形式优化，甚至将各类不同媒介平台进行重新组合、各类不同媒介形态进行重新聚合、各类不同媒介业态进行重新整合，探索实现传统媒介各业态之间的跨媒介融合发展。新旧媒介融合发展，成为现代媒介格局重构、流程再造的必经之路。当然，无论未来"融媒体"将会以什么样的形态出现，其传播信息的基本功能不会改变，对优质内容的需求也不会改变。

---

① 曹继东. 传统媒体与新媒体的融合路径［J］. 科技传播，2014（20）：103－105.

### 3. 新媒介的智能化发展

20 世纪末，基于计算机与网络技术的新媒介，为普通大众提供了独立于现实的虚拟环境。苏联哲学家巴赫金在 20 世纪中叶曾提出了一个狂欢理论，将人实现狂欢的条件归纳为现实生活与乌托邦的融合，以满足理论意义上的理想状态①。伴随着移动网络技术的发明和应用，人们已开始不满足传统媒介那种自上而下的传播方式，更习惯于倾向网络环境下的平行的、虚拟的"真实"感受。

随着大数据时代的到来，传媒行业面临新媒介技术发展带来的挑战和机遇。基于互联网和移动通信技术的新媒介所具备的数字化、智能化和网络化传播特点，要求我们必须重新认识大数据时代的媒介和受众，重新审视媒介传播规律。在大众传播时代，媒介是一个稀缺资源，比如报纸要有刊号、纸张、运输，它涉及的传播面比较窄，但是现在基于互联网和移动通信技术，它的范围越来越广。自媒体又称"公民媒体""泛媒时代"，它是一个自然人、一个个人与一个介质的结合，也可以成为一个媒介，它依赖于智能化和数字化，它的影响力、传播力可能比原来的传统媒介能力更强、传播更广②。为了保证更加快速、方便和准确的信息生产、传递、储存和利用，各类媒介都开始在全球范围内实现数字化基础上的网络化和智能化。传播的数字化、智能化和网络化是传播技术和传播媒介发展的结果。

随着智能技术的不断发展，人与各种智能终端的交互方式将会变得更加自然，传统的个人电脑和智能手机在越来越多的场景下开始不能满足人们对更高生活要求的需要。不久的将来，一个更加智能的互联网必将进入人们的生活，通过提供自主捕捉有效信息、智慧分析信息、智能精确判断的服务，使人的工作和生活更加便利和快捷。当然，要真正实现互联网的智能化，还有很多技术开发工作需要做，包括如何提升和实现智能终端的感知能力和认知能力。在这里，智能终端相当于人的外部感官，云相当于人的大脑，欲实现智能终端和云大脑的完美结合，需要依赖人工智能技术，这也是人工智能的发展方向，更是智能互联网的技术基础。

---

① 刘大椿. 科学技术导论 [M]. 北京：中国人民大学出版社，2000：13 – 30.
② 何华征. 论"新媒体"概念的基本内涵 [J]. 武汉科技大学学报（社会科学版），2016（18）：103 – 107.

在全球化、后工业化进程中，"地球村"是一个非常流行的词语。麦克卢汉在几十年前提出的这一概念性的预言，随着移动互联网技术的发展近乎实现。但是，麦克卢汉并没有对"地球村"这个概念加以明确定义，以至于这个概念流行后，人们往往是在这个概念的表层含义上去加以理解和使用它。就现实而言，"地球村"的出现并没有改变世界的中心—边缘结构，反而使中心—边缘结构中的压迫力量得到了增强，而且作用形式也更加直接。在媒介融合并存的信息与智能时代，媒介的新旧都是相对而言的。每个时代都有代表该时代特征的新媒介，正是媒介形态的不断革新才使媒介种类越来越丰富。麦克卢汉提出的"地球村"是一个比喻性的概念，它对于直观地描绘全球互联有着便于理解和把握的价值。

## 4.2 大数据对物联网技术的支撑及其价值体现

媒介技术的发展使人类的生活方式、思维方式以及社会模式发生了变革。在传统媒介面临大数据和5G物联网等新技术冲击的今天，麦克卢汉"媒介即讯息"理论的内涵逐步被诠释完整，并伴随大数据环境下的现代媒介和数据技术的不断发展得到进一步延伸。目前传统媒介更关注的是媒介融合的方式及其影响，却没有深刻意识到技术革新已经让媒介生态系统发生了颠覆性的变化。大数据环境下各种媒介通过物联网，实现人与物、物与物的互联，创造出一种全新的媒介环境；通过数据挖掘和统计分析技术，可以从海量看似杂乱无章的数据中通过筛选和甄别，形成全新的有用讯息。不断发展的大数据技术对传统媒介理论带来新挑战的同时，也给人类社会带来了一场数据革命，数据的作用正被逐步放大，数据的价值得到了显著提升。基于此，本章从数据传播的根源、内涵与方式等方面的分析入手，从技术哲学的角度分析大数据环境下数据传播方式可能带来的伦理隐忧，并对麦克卢汉"媒介即讯息"理论进行延伸和再认识。

### 4.2.1 技术即媒介——对数据传播根源的认识

麦克卢汉的"媒介即讯息"理论是最广为人知也是最难理解的理论，被视为麦克卢汉最核心的洞见。他指出，真正有意义的讯息是媒介本身，而非媒介所传播的内容①。也就是说，对于人类发展进程而言，真正起作用的是不断革新的媒介，而不是稍纵即逝的讯息。新兴技术的发展已然使大数据成为现代讯息传播中不可或缺的组成部分，即"媒介"。由此我们可以将"媒介即讯息"延伸为"技术即媒介"。麦克卢汉根据信息清晰度和受众参与度将媒介划分为冷和热两种属性，根据其划分标准，大数据技术相较于传统媒介，则更多的是表现为受众的高参与度特征和信息的低清晰度特征。

1. 大数据技术的高参与度特征

在大数据环境下，人既是数据的接收者，也是数据的创造者。例如，由人们通过网络聊天和留言产生的海量离散需求数据，经过大数据和云计算等技术手段，将挖掘出全新的市场需求数据，在成为指导相关企业产品研发生产的有价讯息同时，也引导人们的消费方向，即大数据技术将人类行为数据化，人既是数据的生产者，也是数据的使用者，具有高参与度。

在传统媒介时代，媒体对于讯息的传播通常是基于单一事实的报道，缺乏对事件发展内在规律的揭示和对未来变化发展趋势的阐述。人的社会认知与行为模式多数是在媒介的影响下逐步形成的，人处于从属地位，媒介处于主导低位。而基于大数据的新兴媒介，既可以是对单一信息的报道，也可以是基于深度挖掘和分析海量数据之后的报道，可以更加清晰地展示出事件的变化规律和发展趋势。

人的社会认知与行为不仅受到"被加工过的"讯息影响，而且会通过大数据获得的丰富讯息，使其对于讯息的选择权无限放大。大数据给媒介技术的发展带来了前所未有的冲击和挑战，这是一个从量变到质变的飞跃。在大数据时代，讯息所承载的内容有别于传统媒介的最大不同之一是它不仅仅是新闻，而是各种各样的数据，其价值也不仅仅局限于阅读，而是一种资源，通过新兴媒介全新的信息生产模式和多元化融合方式实现讯息的智能化传播，大数据技术将受众在接收讯息和使用讯息过程中留下的痕迹精准记录，成为数据库中数据的来源。在此过程中，受众参与某类讯息的行为越主动，参与的人数越多，则大数据产生的具有关联性的讯息就越多，反之则生产的讯息越少，表明受众对此类讯息的关注度较低。这种受众参与讯息生产的方式，

①　[美] 保罗·莱文森. 数字麦克卢汉——信息化新纪元指南 [M]. 何道宽译. 北京：社会科学文献出版社，2001：49.

使受众跨越了讯息消费与讯息生产的鸿沟，带来了讯息传播过程的结构性变化，体现出受众对数据技术的高参与度特征。

2. 大数据技术的低清晰度特征

传统的数据通常是结构化数据，每个数据都是有价值、有意义的，而数字化社会所产生的海量数据多是半结构化和非结构化数据，比如网站访问量、文章点击率等，虽然数据基数庞大，但是真正有价值的数据比较少，信息清晰度较低。以交通监控设备为例，随着经济技术的飞速发展，监控设备被大规模建设安装，各类视频监控终端和信息采集系统遍布各个城市的各个角落，形成了一个庞大的监控信息网，为交通部门采集大量的数据，大数据的作用在交通信息化管理中的作用逐渐凸显出来。但是，由于环境、灯光、成像角度、车身装饰、人为遮挡等原因，导致视频智能识别系统准确率降低，由于监控覆盖率目前仍然无法实现全覆盖，仅仅依靠数据进行的辅助决策可能产生误导，进而导致数据质量下降。

基于大数据技术的信息通常是一种基于大量采集和分析处理后的数据——讯息，而非传统意义上的感知信息。它是基于庞大的数据库对搜集到的全体数据进行完整比对后的结果，是一种统计数据。这种依靠大数据技术统计得到的讯息理论上更加可信，且信息与数据之间体现出一定的相关关系。数据科学家维克托·迈尔－舍恩伯格（Viktor Mayer－Schönberger）在《大数据时代：生活、工作与思维的大变革》一书中对上述相关关系的含义做了如下解释："相关关系的本质是两个量化数据值之间的数理关系。强相关是指一个数据值会随着另一个数值的变化而发生相应改变，反之，弱相关就意味着一个数据值改变时，另一个数据值几乎不随之改变。"[①] 传统媒介通常依据严格的因果逻辑来传播讯息，并总是力图通过完整的讯息让受众了解和还原事物的原貌。通过大数据统计分析获得的讯息，虽然能够揭示出某些讯息之间的相关性，但无法给出其具有相关性的根本原因，无法深入探究其结论的本质[②]，这体现了大数据技术在讯息传播过程中的低清晰度特征。

---

① ［奥地利］维克托·迈尔－舍恩伯格. 大数据时代：生活、工作与思维的大变革 ［M］. 周涛译. 杭州：浙江人民出版社，2012：40－49.

② 李璐. 理解大数据的温度——以麦克卢汉"冷热"媒介理论为基础 ［J］. 北京科技大学学报（社会科学版），2016（6）：55－59.

### 3. 对"技术即媒介"的再认识

媒介是一种使事物所以然的动因，而不是使人知其然的动因①。媒介和技术的关系如同大脑和思想，大脑和技术是物质装置，思想和媒介使物质装置派上了用场。当技术使用某种特殊的象征符号，在某种特殊的社会环境中找到了自己的位置，或者融入经济和政治领域中，它就会变成媒介。也就是说，如果技术被看作一台机器，那么媒介则是这台机器创造的社会和文化环境。大数据作为媒介的一种，具有数量大、多样性、速度快、真实性高等特点，以及溯源、统计、数据再生等的功能，如何对其中的数据进行正确的筛选和分析，整合有效讯息，是当前需要面对的主要问题②。

讯息是数据经过加工处理之后的产物，数据是讯息的具体表现形式，文字、声音、符号、图像、数字是当前社交媒介传播讯息的主要数据形式，讯息在经过数字化的技术手段转换为数据之后才能得以存储和传播。在信息海量爆发的时代，能够以低于信息速度却能保证相对热度的媒介形态更容易被人们接受和喜爱，它需要有一套能够让人理解的规则，因为规则带来有序，有序带来减速，带来可理解，而足够的信息速度和密度可以使这个媒介不会与热环境相互排斥。诸如游戏、短视频等，既是一种媒介，也是一种娱乐方式，他们都有各自的规则，有足够的信息速度和密度，高于其他类型的媒介。

舍恩伯格提出，大数据可以揭示社交规律，预测未来，但其核心是预测。他在《大数据时代》一书中指出，大数据的海量讯息通过技术方法进行处理获得的讯息具有预测功能③。过去，我们只能通过有限数据的随机抽样进行分析，最终得到的结论往往具有概率性。在大数据时代，在特定的领域中，可以用全体数据去代替随机样本，通过数理模型分析等技术手段，发现事物发展的规律，更为精确、有效地得到我们想要的结果，并对未来进行合理预测。例如，对于当前发生的全球新冠肺炎疫情，通过各地官方通报的数据和网络上的搜索记录，通过统计分析技术手段制成随时间演变的疫情发展趋势图，不仅能够预测疫情暴发的时间、区域、严重程度和趋稳拐点，而且能够为各

---

① [加] 马歇尔·麦克卢汉. 理解媒介：论人的延伸（增订评注本）[M]. 何道宽译. 南京：译林出版社，2011：87.

② 孔萧曼. 用麦克卢汉的观点浅析大数据时代 [J]. 新闻研究导刊，2016（4）：89.

③ [奥地利] 维克托·迈尔-舍恩伯格. 大数据时代：生活、工作与思维的大变革 [M]. 周涛译. 杭州：浙江人民出版社，2012：40-49.

国和各地预防疫情提供正确的指导方向，由此体现了"技术即媒介"的特征。

### 4.2.2　媒介即环境——对数据传播内涵的理解

麦克卢汉作为一名泛媒介论者，认为从衣服到电脑都是媒介，同时他也是一名媒介环境论者，他把"媒介即讯息"表述成"媒介即环境"①，指的是由媒介革新造就的隐蔽的服务环境，使人改变的不是技术而是这样的环境②。媒介技术在数字时代呈现出高速进化的状态，移动互联网的发展加速了传媒融合环境的形成，大数据技术的逐步普及把关于传统媒介生态圈的探讨从融媒体方向进一步提升到了技术平台的变革，媒介形态的不断革新使得媒介和讯息的种类越来越丰富，人类赖以生存的自然环境充满了各种能够生产数据的设备，众多数据汇成的讯息使之传播方式发生重大变革。

1. 环境的数据化演绎

在物联网的范畴里，任何通过开和关来切换到网络的设备，都会相互连接，其中包括网络电话、空调、洗衣机、汽车、手机、冰箱、智能体重秤、自动贩卖机以及可穿戴的媒介设备，当人们的生活被这些依赖于大数据和物联网的新媒介所包围时，就创造出一种全新的数据化环境。

大数据，从统计学的角度来看是一种海量、多样化数据处理分析的数学方法，可用于指导人们的商业行为、未来预测、战略决策。云计算则为大数据提供了近乎无限的存储和高速运算平台。高速发展的移动互联网、物联网、社交网、电子商务等新一代信息技术的应用不断产生的大数据，再反馈到上述应用中，又将创造出巨大的商业价值和社会价值。当社会迈入大数据时代，媒介形态的整合开始从多媒介的信息传播终端向跨平台的用户终端发展，媒介平台通过与诸如社交、网购、金融等其他平台整合，成为具有更多功能和角色的超级用户大终端。媒介通过大数据的整合，改变了讯息生产模式，用户不仅是受众，也成为信息的生产者。媒介生产主体的多元化、内容的立体化、形态的多样化、信息的精准推送和定制服务的便捷化，成为大数据时代媒介的新特征。

---

① 李曦珍. 理解麦克卢汉：当代西方媒介技术哲学研究 [M]. 北京：人民出版社，2014：104 – 107.
② ［加］埃里克·麦克卢汉，弗兰克·秦格龙编. 麦克卢汉精粹 [M]. 何道宽译. 南京：南京大学出版社，2000：185.

莱文森的媒介进化论认为，每一种新媒介是对旧媒介缺陷的弥补，这个过程是逐渐贴近人性化。媒介对人的感官和感觉进行了全面的扩展与延伸，媒介技术的发展使人们处在一个听觉、视觉、触觉、嗅觉等能力综合延伸的全景化时代的社会环境中，媒介即是环境。

2. 数据传播对媒介与受众关系的影响

麦克卢汉认为是人赋予了媒介意义，而媒介本身的影响来自人与社会对媒介的使用方式[①]。人通过媒介传递信息，这里的"信息"可以是人与人沟通的信息、人与社会传递的信息，也可以是社会受到影响和改变之后给旁观者传递的信息，需要用不同尺度来衡量不同的东西。随着信息技术的不断革新，传播媒介的发展与受众之间的关系愈加复杂和密切。受众既是消费者，又是生产者，信息传播模式由"接收为中心"取代了传统的以"传播为中心"。受众地位的改变在一定程度上强化了媒介与受众之间的关系，媒介技术的发展依托于受众对媒介的参与和反馈，媒介与受众的关系是相互作用、相互制约、相互发展的。

无论传播的内容和模式有无不同，若要实现讯息的有效传播，则需要媒介和受众发生交互行为。例如，以抖音为媒介，受众需要使用智能手机观看短视频内容，才能获取传播内容并进行交流或分享。一般而言，受众总是根据传播媒介及传播内容等多方面因素来选择媒介，优先选取最方便且能满足需求的途径，并希望以最小的代价获得最多的、最有价值的讯息，这也是人类行为的普遍法则和寻求讯息行为的依据与原动力。

受众对数据需求的变化，反映了受众需求遵循的省力原则和价值原则。在大数据时代，数据的量是全部数据，而不再是随机样本。数据数量的激增在加速数据处理技术发生颠覆性改变的同时，也促进了人们思维方式的改变。人们不再看重"为什么"，而是"是什么"[②]。维克托在《大数据时代》一书中指出，社会需要长时间的实践才能习惯思维的转换，当讯息数据的表达形式从文字和语音发展到图像和视频复杂多样结构、数据规模无限扩大且成碎片化增长的时候，讯息将彻底改变受众的工作、生活和思维。移动媒介使受

---

① ［加］马歇尔·麦克卢汉. 理解媒介：论人的延伸（增订评注本）［M］. 何道宽译. 南京：译林出版社，2011.

② 左斌. 大数据时代传统电视节目能否不再"单相思"［J］. 华章，2013（26）：319 – 320.

众可以在任何地点实时接收与分享信息，而受众据此通过链接、转发等产生的新数据讯息又部分并入讯息的流通中，让受众能够通过讯息接收形成数据，在大数据构建的虚拟环境中间接参与到媒介讯息的再构建，由此形成数据讯息与受众"你中有我"的新型因果关系。

### 4.2.3 数据即讯息——对数据传播形态的分析

麦克卢汉在"媒介即讯息"理论的基础上，提出了"媒介所传播的内容本身可以看作是另一种媒介"的观点。报纸的内容是印刷，文字的内容是语言，数据的内容是讯息。数据，作为一种能够对客观事物进行记录和鉴别符号，经过处理之后仍然是数据，讯息是在经过处理之后对客观世界产生影响的数据。在大数据时代，数据传播的形态发生了巨大的变化，一切皆可以转化为数据。对于迅猛发展的物联网而言，最大的挑战并不是物物连接，而是其核心组成——数据。媒介改变了讯息传播与接收的方法，同时也改变了人们的生活方式。

1. 基于物联网的数据特征与传播形态的演变

随着移动互联网、大数据和人工智能技术的发展成熟，越来越多的设备都需要通过网络进行连接，例如个人计算机、平板电脑、智能手机、智能手表等，以及智能空调、智能电视、智能冰箱等各类智能家居产品，各种"人与物"和"物与物"的连接将形成一个巨大的数据网络，即物联网。物联网中数据的一个最大特征：它是一个不断增加的数据，是非结构化和没有组织性的，需要对其进行收集、储存、管理和分析。

大数据与传统数据相比，除了数据来源广泛、形式多样、规模更大之外，其交换和传播形态与以往传统数据的载体截然不同，借助大数据系统对海量数据无延迟输入、云计算实时分析、互联网等，可以使讯息交换和传播的速度更加快捷，并通过数据挖掘和深度分析，发现新知识，揭示新规律。依托于大数据技术，讯息发布者可以通过获取和利用网络上的海量数据讯息，正确判断公众关注热点、新闻舆论导向以及事态发展方向。数据不再是单纯的数字，而是对于事件的记录、描述、分析与重组，通过对数据的统计与整理，产生相关新闻讯息并加以报道。这便是近年来逐渐流行的数据新闻模式。例如，对全球新冠肺炎疫情各项数据走向的整理与分析，能够形成疫情发展报告，向公众公开阐述疫情管控现状。

随着新媒介技术的不断革新与普及，传统媒体面临向新媒体转型的巨大挑战。以央视网为例，由于传播主体改变，传播模式丰富，传播渠道广泛，因此在转型过程中将自身终端与大数据平台相结合，根据新媒体的传播特征适配新的数据传播体系，可以优化数据处理的效率和质量，提升数据运用场景。物联网由"物"串联而成，一切物联网中的"人和物"都将可能是数据讯息的制造者和传播者。

麦克卢汉提出"媒介即讯息"，在大数据时代，数据亦可被看作媒介。通过大数据技术对数据的筛选和分析使其成为一种新的讯息，进而可以引申为"数据即讯息"。数据和讯息在很多情况下被赋予同样的定义，但是严格来说，二者不尽相同。数据是一种表示的符号，是对讯息的数字化记录，例如文字、图片、音乐、视频等。讯息则是指把处理后的数据置于某一背景下，对其解释并赋予意义。通常讯息比数据更具有时效性，同时讯息与数据相同，也具有多样性和变换性的特征，不同的载体可以承载相同的讯息①。

2. "数据即讯息"的哲学意蕴

数据讯息从哪里来，将要到哪里去并发挥何作用？是新媒介技术发展过程中值得人们深思的一个哲学问题。科学始于数据，大数据对人类的思维方式带来了巨大的冲击。在传统的媒介和小数据时代，无论是唯理论还是经验论，因果关系是揭示事物本质的核心。而在网络环境下的海量大数据时代，基于统计学获得的讯息已经无法让人寻找到某一个数据之间的前后因果关系，而事实上人们对事物的看法也随着思维方式的改变，从看重"为什么"转而关注"是什么"。

在认识论层面，大数据技术通过对规模海量、实时多变的与人、财、物、讯息相关数据的表证和相关性分析，弥补了传统因果关系分析的不足，克服了唯理论容易偏离现实和唯经验论样本过小导致数据偏离的不足，实现了唯理论和唯经验论二者的数据统一。

在价值论层面上，认识论与价值论对数据讯息的认识统一于大众化和智能化的价值挖掘，并正在营造出一个更加完美的数字化世界。社会的信息状态与信息处理能力通常是相互匹配的，大数据所对应的是智能化的数据处理技术，通过智能化的逻辑分析和云计算手段，将看似杂乱无章的数据整理成

---

① 李艺杰. 浅谈大数据时代数据信息现状及发展［J］. 中国新技术新产品，2014（8）：28.

有用的讯息给大众并定向推送给特定的受众群，令数据讯息的价值作用发挥到极致。

大数据时代使万物皆为数据正在成为现实。IBM 公司执行总裁罗睿兰把数据看作人类发展进程中继劳动、土地、资本之后最重要的资源。通过对大数据收集和挖掘，可以发现诸如城市交通治理顽疾所在、指导企业生产模式的精确设计、掌握社会经济发展趋势，增值服务业，创造互动的创意产业新形态。《华尔街日报》在《大数据，大影响》的报告中将数据视作一种新的资产类别，万物可产生数据，万物可产生收益。现实世界中的人、财、物和各类讯息通过数字化和网络化，彼此结成关联的大数据群，所有的文字、图片、声音、视频等数据在计算机里均以一串串二进制数字符号被记录和保存。这些数据借助于大数据系统的逻辑分析和云计算手段，在产生有用讯息的同时，又进一步创建出有意义、有价值的新关联和新数据。

### 4.2.4　数据传播的伦理隐忧

大数据时代是媒介融合的时代，我们所处的环境被各种各样的数据充斥着。媒介形态的不断革新使得媒介和数据的种类越来越丰富，数据与受众的关系也越来越复杂。数据传播技术的发展与成熟使人类逐步实现了数据开放、数据自由和数据共享，但与此同时，人类的一切行为被完全暴露在"第三只眼"的监视之下，且形成了一条永远存在的数据足迹[①]，由此带来了数据垄断、数据滥用、个人隐私安全等一系列伦理问题，对传统伦理观带来了新挑战。

1. 平台与受众对数据掌握的不对称性

人与技术的自由关系问题是技术伦理学的核心命题，在不同的技术时代，问题汇聚的焦点亦不同[②]。在小数据时代，人类的思想内容和行为轨迹可以通过图片、文字等物理形式被保存下来。而在大数据时代，人类的一切活动轨迹都可以被智能设备用数据的方式保存下来，并以数据编码的形式通过网络传输并可能永久存储在云端之中。因此，人与数据的自由关系是大数据时代

---

① 黄欣荣. 大数据技术的伦理反思［J］. 新疆师范大学学报（哲学社会科学版），2015（5）：46－53.

② 李伦."楚门效应"：数据巨机器的"意识形态"——数据主义与基于权利的数据伦理［J］. 探索与争鸣，2018（5）：29－31.

所聚焦的核心问题。

在现代经济中，数据的重要性不断凸显，被视为是数字时代的血液，成为推动未来经济发展的新动力。数据技术的广泛应用降低了交易成本，促进了商业活动的变革和新发展。大数据的普及在带给人们工作和生活诸多便利的同时，也产生了大数据滥用带来的诸多社会乱象和伦理隐忧。作为掌握大数据的平台或媒介公司，与广大个体的受众对数据的掌握存在不对称性，由于平台掌控了数据统计的核心算法，极易因商业利益，引发对数据的滥用。"大数据杀熟"正是这样一种大数据广泛普及之后进入人们视野的社会乱象。利用大数据技术收集整理并分析用户的购买习惯、流量轨迹、收入水平等个人资料，据此为用户推送相应的产品、服务、优惠购物策略，的确有利于用户便捷获得有用的讯息，也有助于商家制定更为合理的市场推广和营销政策。但是在实际操作过程中，一些商家背离初衷，利用信息不对称的优势以及老用户的信赖，恶意提高价格，违背了诚信原则，侵犯消费者的合法权益。这与人们固有的生活经验和商业伦理产生了冲突，甚至还会引发商业伦理的扭曲。

数据垄断是另一个层面的数据掌握不对称问题，由此引起的问题也受到了越来越多的关注。数据垄断的前提条件是平台对拥有的大数据形成的市场支配地位。当这种支配地位滥用时，数据可能造成进入壁垒或扩张壁垒。2017 年谷歌公司曾滥用搜索引擎市场主导地位，受到了欧盟委员会的反垄断制裁；2017 年发生的顺丰和菜鸟两大快递公司因相互指责对方关闭数据接口，致使消费者无法在购物平台上查询物流信息事件，本质上是对物流数据控制权之争和市场垄断地位的竞争。如何解决数据垄断问题是社会主义市场经济健康发展过程中亟待重视的新问题。

2. 数据的价值延伸与非正常交易带来的隐忧

利用大数据的统计、分析和讯息再造功能，可以更好地为受众提供便捷、精准的资讯服务，实现数据价值的延伸，在为商家带来巨大经济效益的同时，也方便了受众。然而，现代智能技术在让数据采集变得方便和快捷的同时，也将人们的一举一动都被智能设备记录着、跟踪着、全方位的监控着，个人的生活行为和资料被大数据技术投射到互联平台上，个人隐私与信息安全面临巨大的威胁与挑战。

隐私的数据化是伴随着大数据和网络技术发展而来、以"个人数据"形式呈现出来的一种新形态①。现代城市中随处可见的摄像头、手机中各种 App 添加与身份确认，个人隐私便以个人数据的形式流入了大数据系统中，基于利益驱动的非正常交易，导致个人隐私泄露的隐忧。

隐私安全问题在互联网领域就已经被广泛关注，其影响范围和严重程度在大数据时代被进一步放大。2018 年，脸书（Facebook）涉及数千万用户的"数据门"事件曝光并引发舆论哗然，隐私安全问题再一次成为社会热议的焦点。类似的还有美国民主党总统竞选人希拉里的"邮件门"事件、顺丰公司内部人员泄露客户数据事件等。在电子支付盛行的时代，个人身份信息、银行金融信息等都被记录在各种电子银行、电商、社交软件等网络平台上，一旦数据发生泄露，窃取者可以利用获取到的个人信息进行精准诈骗、金融盗窃、非正常数据交易，对社会公众的财产和人身安全构成威胁。此外，最新发展的人脸识别技术在智能手机、机场和高铁安检以及疫情监控中得到了广泛应用，在方便人们的同时，也面临人脸数据被非法利用的巨大风险和伦理隐忧。这也是为什么西方一些国家一直在限制和谨慎使用人脸识别技术的原因所在。

### 3. 对数据传播伦理隐忧的思考

大数据环境下，数据传播的便捷给受众带来福祉的同时也对个人的信息安全和隐私保护带来了挑战。一方面信息主体无法对个人自由发布的信息实行有效控制导致信息真伪难辨，另一方面大数据系统可能引发个人信息的泄露和滥用，导致人们对大数据时代下的数据传播的伦理隐忧，主要体现如下。

（1）大数据的网络化传播具有明显的"池塘效应"，特别是在微信、抖音等社交平台上，一条信息会以一传百、以百传万成级数规律快速扩散。因此，信息隐私问题所带来的负面影响甚至会让人精神崩溃和轻生、企业瞬间破产和倒闭，由此成为社会稳定的绊脚石。

（2）大数据带来了信息爆炸和爆发性增长，在繁荣社会的同时，也由于信息的良莠不齐，由于大量无效信息的干扰，给人们的生活带来了诸多烦恼，人们面对电脑和手机中的诸多垃圾信息无从躲避。这些泛滥的污染信息也导致信息存储的严重超载，浪费了大量的存储硬件资源和能源。

---

① 王常柱，武杰，张守凤. 大数据时代网络伦理规制的复杂性研究 [J]. 科学技术哲学研究，37（2），2020（4）：107 – 113.

（3）信息诈骗和犯罪现象日趋增多，信息攻击与黑客对讯息的盗窃，以及信息的非正常交易，已经成为扰乱社会秩序和导致社会不稳定的重要因素。

（4）数据垄断导致对社会正常竞争的破坏和对消费者利益的损害日趋严重。数据作为数字经济中最重要的生产要素，已经成为市场主体谋取经济利益、获取竞争优势的重要资源。

科学技术是悬在新产业之上一把"双刃剑"，技术革新既带来生活水平的发展和提高，也提醒着新伦理问题已经推翻了过去隐私保护的共识。如何应对汹涌的数据讯息引起的诸多数据异化和伦理隐忧甚至恐慌，是技术发展过程中必须面对和亟待解决的重大社会问题。

基于大数据的信息传播具有多形态交织、传播形式多样性、突发性、实时性、群集性和扩散迅速等特点。如何消减数据传播的伦理隐忧，在技术层面上可以从对数据异化现象的多学科综合研究入手，通过对数据失真、数据依赖、数据焦虑等技术伦理困境的分析，深入挖掘数据传播后台存在的漏洞和问题，揭示多形态交织的社交媒介数据异化规律与辩证影响；在管理层面上，可通过洞悉技术伦理问题背后的本质因素和风险产生动因，探索构建主流意识形态认同的技术伦理规制策略，建立异化风险主动规避和防范措施。

2020 年，我国提出《全球数据安全倡议》，这是落实习近平总书记在二十国集团领导人第十五次峰会讲话、推动和引领全球人工智能健康发展的重要举措。对技术发展过程出现的数据安全、个人隐私、算法操纵、道德伦理等风险和困境，加强智能传播数据安全是国家"十四五"发展的一项战略任务。如今，数据已经成为一种全社会的信息形态，参与人员已经从传媒领域、科技和产业界发展到了包括政府、企业和广泛受众个体在内的全社会中。因此有必要从全社会的角度去审视技术的发展对社会的综合影响，建立和健全技术发展的伦理责任规范，包括对相关科技人员职业道德规范的建设，监控并实时消除网络负面信息带来的舆情。努力寻求解决"数据讯息—受众影响—技术发展"的对立统一矛盾关系，探寻数据讯息技术发展与人文精神实现高层次统一与协调的途径，促进社会稳定和数据传播技术的健康发展。

## 4.3　万物互联的物联网环境下人与物的辩证关系

麦克卢汉指出，一项新技术的诞生都可能创造出新的社会环境。媒介技术的革新重构了社会形态，推进了信息传播发展。如果说虚拟现实技术改变了人类的行为方式，移动互联网技术改变了人类的社交方式，大数据技术改变了人类的思维方式，人工智能技术改变了人类的认知方式，那么物联网技术作为各项技术的综合应用，将会重构人、物之间的关系。从哲学视角出发探讨物联网技术发展对人类生活方式以及社会发展的影响，有助于推进物联网技术的理性发展与正确应用，进而实现万物互联的新型社会形态。

### 4.3.1　物联网对人与物关系的重构

互联网时代是信息产生价值的时代，大数据技术的应用与普及，既提升了数据在信息传播中的价值，也预示着万物互联的实现。物联网，从狭义上来看指的是物与物的连接，从广义上来看则是人与物、物与物的交互，是物理空间与信息空间的融合①。物联网可以根据人类意识需求，将具有运算能力、通信能力与感知能力的智能终端进行互联来获取信息，形成智能处理与全面感知的智能系统，实现人与物的互联。

1. 人与物关系的重构

梁漱溟先生曾论及人的三种处理关系。第一，人与自然的关系，在广义上是人与物的关系；第二，人与他人的关系，即人际关系；第三，人与自身的关系。其中首先要解决的便是人与物之间的关系，人与物的关系问题是哲学基本问题。在人类出现之前，世界是无精神、无意识的。在这个历史阶段，先有自然，再有人；先有物质，再有精神。物质是世界的本原，意识是高度发展的物质的产物②。从传统意义上来讲，物是人类认识、利用、改造的对象，物是人类生存和发展的手段，二者成对立关系。而物又分为自然物和人

---

① 孙其博，刘杰等. 物联网：概念、架构与关键技术研究综述［J］. 北京邮电大学学报，2010（3）：1 – 9.

② 林德宏. 人与物关系的初步讨论［J］. 自然辩证法研究，2000（7）：12 – 16.

造物，自然物是指大自然创造出来的物质，人造物指的是人类创造出来的产物。人造物是依托于人类精神对物质的能动作用而进化的，人和精神是创造世界的根源。

随着技术的迅猛发展，人与物之间的关系逐步发生变化。将人类意识上传至计算机，"植入"物体之中，万物便成了意识体。当作为意识体的物具有了人类的意识与精神，那么这个意识体应该被归结为是人还是物？当物联网技术发展成熟，人机物三元融合得以实现，将极大地提高人类的认知能力，这是一场人类身份、情感、灵性和自我意识的变革，更是人与物之间的关系变革。物联网可以实现人与人、物与物、人与物之间对于信息的获取、储存、传递、使用等，满足个人与社会的需求。物联网技术是基于"物"的本质属性，核心是感知，强调技术为"物"提供更高层次的服务。物联网的技术特性主要包括全面感知、可靠传送和智能处理三个层面。全面感知是核心，主要依靠传感器透彻和完整地感知物质世界。可靠传送主要依托移动互联网和云计算，实现信息的即时传递。智能处理主要利用大数据、模式识别等技术，对物质状态做出智慧回应，从而真正实现人与人、人与物、物与物的对话。

互联网技术发展至今，解决了人与人之间的信息沟通问题，实现了人与信息的共享与互联互通。而物联网技术则是将人与万物置于全方位信息交互的网络之中，解决信息智能管理与决策控制问题。这不仅可以重塑物质世界的结构，还会影响信息传播结构以及社会原有的伦理体系。从分工上来看，互联网只是物联网中的一部分。物联网需要考虑各种各样的硬件融合、多种场景的应用、人们的行为差异等问题，需要更有深度的内容和服务以及更加差异化的应用。物联网技术更加复杂，应用范围更为广泛，对社会发展的影响力更加人性化。

物联网技术可能会带来三种异化：淡化人的主体性、加重社会心理隐患、加大信息管控难度。人类的创造和发明旨在造福自身，但技术具有自主性，一旦产生就未必受制于创新发明之人。正如德国哲学家海德格尔所说，作为主体的"人"，在技术时代里有被技术奴役的危险，人的行动被技术所束缚和支配，而不是人在控制技术。麦克卢汉认为，"是时代所使用的传播工具的性质所开创的可能性，而非传播内容本身，才能带来社会的变革。"换言之，媒介才是真正有意义和有价值的讯息。当人类成为技术的对象被操控时，就产生了一种新的异化和统治。物联网作为一种技术，无孔不入地渗透到了人类物质和精神生活的方方面面，在物联网的传播网络系统中，人作为主体的个体不过是其中的一个节点，如同汽车、各类家电一样，成为物联网络中一个个被"物化"的实体，"我"仅仅是信息流中的一些数据，由此淡化了人在客观世界的主体地位。

技术影响着人的欲望和需求，"掌上互联"使人的社交心理发生潜移默化改变，人们有依赖于虚拟空间进行话语交流的倾向，而非实际面对面的交流。梅洛维茨指出，世界正面临着"地域消失"和"场景瓦解"。技术的先行与心理适应的滞后引起的"技术焦虑"矛盾在物联网时代会更加普遍。由此可见，作为一种联通人与物的媒介技术，物联网将"人的延伸"发展到了极致，对社会的信息传播过程产生了革命性的影响。

2. 物与物关系的重构

物联网是一种支持多种不同应用的智能信息基础设施，是基于互联网、移动互联网等让万物实现互联的网络。简单来说，就是把所有物品通过信息传感设备与互联网连接起来，随时将信息传送到任何地方、任何人，以实现智能化识别和管理，但最基本的是要实现物与物之间的"交流"，即物物互联。由此可知，物联网是一种建立在互联网上的泛在网络，使万事万物进入到信息互联当中。物联网是对互联网的延伸与扩展，通过各种有线和无线网络与互联网融合，将其用户端延伸和扩展到物与物之间，进行信息交换和通信，也就是物物相息。

互联网将各类信息进行联网，利用大数据分析挖掘大量潜在的有价值的关联信息。当人看到信息后，结合自身的思维与智慧做出进一步决策。而物体本身并没有智慧，仅仅是根据收到的信息将其实际状态信息传递出来而已。物联网体系需要具备智能处理的能力，能够帮助物体判断和对物实施智能控制，通过智能感知、识别技术与云计算等通信感知技术做出下一步决策。物联网依托云平台和互通互联软件，强化人与人、人与物、物与物之间的良性互动，其精神实质是提供不拘泥于任何场合与时间的应用场景和自由互动的环境。在物联网中，终端设备不停地采集各项数据，数据量持续增长。若要对海量数据进行快速的、有效的筛选、分析与处理，机器必须具有自主学习的功能。机器自主学习是人工智能技术发展的前提条件，人工智能技术可以帮助物联网设备实现智能。

物联网的技术架构可以分为感知层、网络层和智能应用层。感知层依赖于人工智能的图像识别、语音识别、道路识别等技术。比如在交通领域，检测汽车是否闯红灯或违章的传统方式是使用地磁作为传感器，如今运用人工智能技术，可以通过虚拟磁钉对图像进行处理和判断。智能音箱通过语音识别技术，完成用户的指令，实现人机交互。物联网的网络结构相比互联网更为复杂，设备的多样性决定了物联网连接方式的多样性。设备联网自动配置十分复杂，要求更加智能化的网络自动配置，在多种路由路径中迅速选择出速率最快、效率最高、最稳定的路径，这些都需要依赖于人工智能技术的发展。在智能应用层面，又可以分为边缘计算层和云计算层。物联网需要具备自主学习能力，在边缘计算层面，边缘计算需要学习云计算处理的方法，才能逐渐过渡到具备自动判断完成的智能，形成类似条件反射的智能反应。在云计算层面，云计算需要实现基于大数据深度学习的人工智能。大数据与人工智能结合的智能方式是物联网未来发展的主流模式，物联网是人工智能的载体，以连接为基础，依靠智能创造价值。

物联网技术重构了人与物、物与物之间的关系，开启了人、物之间的交流与沟通。物联网未来发展的方向是万物感知的物联世界，社会将进入万物互联发展的新阶段。万物互联形成了模糊化、虚拟化、碎片化的时空架构，瓦解了人们对现有时空框架的固有认知。在物联网时代，人将借助智能媒介同时操纵多种物体完成任务。智能机器人、智能家电、无人驾驶汽车、智能可穿戴设备等数以万亿计的设备接入网络，形成爆发式应用增长，将促进人类文明的进步不断向智能化、精细化、网络化方向转变，社会发展更加智能和高效。

### 4.3.2 物联网技术的异化

在 20 世纪 70 年代诞生的媒介环境学派，是基于麦克卢汉的"媒介即讯息"理论逐渐发展起来的，麦克卢汉将媒介、技术和人的关系视为一种生态环境而非简单的技术工具，通过研究媒介在社会中的作用，探究媒介与人类社会文化的关系[①]。在大数据时代，每一个在网络上留下数据的个体都会成为被分析的对象，几乎所有的信息都在被采集、挖掘和分析的范围之内。物联

---

① 石苑. 从"地球村"到"大数据"——媒介环境学派感知模式的方法论意义［J］. 文化与传播，2013（2）：23－29.

网的自主性将会导致技术的不确定性①，当技术产生异化，数据讯息偏离了人类核心价值，极易造成数据滥用，进而衍生出信息安全、个人隐私保护、知识产权等一系列伦理问题。

1. 数据即媒介

媒介环境学派认为，口语是最早诞生也是最重要的媒介，是媒介发展进程中的第一场革命，被视为交流过程中最重要的媒介，而诸如文字、视频和互联网等每一种媒介的诞生，无不在推动社会发展和文明进步方面做出了巨大的贡献。工业时代，人们通过报纸、书籍等进行图文信息的传递，将世界各地的文明传播四海；电气信息化时代，人们通过电视、广播等进行音视频信息的传递，将世界拉近眼前；大数据物联网时代，人类通过互联网、物联网进行全方位的数据信息传播与交流，将世界缩小成为一个"地球村"。由此可见，舍恩伯格将世界的本质比喻为"数据"是有其道理的。

麦克卢汉从社会宏观角度阐述了媒介的作用，认为媒介影响了我们理解和思考的习惯，指出人类只有在拥有了某种媒介之后，才有可能从事与之相适应的传播和其他社会活动。对于社会来说，所使用的传播工具性质相比媒体所传播的内容，将更可能给社会带来变革，因而将更有意义和价值。也就是说，每个时代媒介传递的内容都是根据每个时代的传播工具而产生的。尽管麦克卢汉的理论在那个没有互联网的时代显得不切实际，被看作奇谈怪论，然而当人类迈入移动互联网时代，"媒介即讯息"这个在当时看似荒谬的定义在50多年之后逐步得到了印证。移动互联网技术飞速更迭，随之衍生出多种新媒介形态，比如自媒体、多屏互动、大数据传播、融媒体等，都体现出麦克卢汉媒介讯息论的超前性，媒介平台的不同，生产内容的方法也不同，生产的内容具有差异化与创新性。

在大数据时代，数据即是媒介。当数据出现时，无论它传播的内容是什么，其自身所产生的有价值、有意义、有内容的变革信息，必将对相关信息的出现、相关媒介组织的出现、人类思维方式的变化，以及整个社会带来极大的影响。

2. 数据的安全与保护

全球进入移动互联网时代后，一切活动都在向网络这一舞台转移，所有

---

① 吴标兵，许为民. 物联网技术的异化和制度制约 ［J］. 科学技术哲学研究，2014（6）：65－70.

社会活动在网络上都有迹可循，由此创生了信息爆炸，这相对于线下时代带来的进步是颠覆性的。通过对人们网络印记的采集、挖掘、提炼与分析，个体背后的经济文化等宏观现实得以被洞悉。经由描绘用户画像，可以确定对象需求，借以分类施策、精准营销。

然而事实上，人们只要在网络上留下了印记便难言隐私，在网络时代，个人信息的暴露过程被加速放大。作为社会成员，个体只要出现社会行为，便意味着部分信息的让渡。从商业角度来看，大数据是经由对个体信息的搜集以实现对群体利益的最大化，当个体从大数据技术中受益之时，便构成了交易，而交易的代价是自我信息的出让。比如，办理银行贷款，金融交易的信用需求需要充分使用个人数据信息。就此而言，信息的搜集利用其实无可厚非，问题的关键在于如何使用和保护信息。随着智能手机和移动互联网的飞速发展，大数据系统的数据信息采集渠道从传统的电脑端转向了手机。智能手机的功能繁多，数以千计的 App 给人们的日常生活提供了各种便利。智能手机已经成为人们手中的"移动资料库"，短信、通讯录、相册、备忘录等各种 App 之中存储着各种各样的信息和数据，它们都具有收集用户信息数据的功能，可以通过后台来监听监控用户的通话和短信，主动采集用户信息数据。而存储在智能手机上的任何信息和数据，都有被窃取的风险。

大数据反映出一个更加真实的世界，同时也在颠覆人们对世界的认知。不断迅猛增长的海量数据和增加的数据价值，标志着数据化的必然趋势。大数据所蕴含的价值需要我们进行不断深入挖掘，但在挖掘的过程中如何保护好被采集者的信息安全，如何处理好个人隐私与数据开发的边界，亦不容忽视。

3. 数据伦理的困境

信息时代是让个人隐私难以遮掩的时代，每个人都近乎透明地处于网络系统的监管之下。基于云计算分析的大数据系统可以找到有关个人的各种资讯和数据，即数据不仅可以知晓一个人的过去、现在，还可预知其未来。换言之，大数据系统可能比你自己更加了解你。当数据的价值超越了人的价值，数据伦理问题随之显现。

大数据技术带来的巨大利益容易导致人们对数据产生过度依赖与推崇，数据被赋予过高的权利，人的权利受到限制和破坏，数据至上违背了以人为本的人本主义，大数据技术的发展使人与数据之间的关系陷入难以突破的伦理困境①。智能手机在给人们生活带来便利的同时，也在无形之中泄露着人们的隐私。如今，大部分的手机 App 在使用之前都要通过手机号码进行注册方可使用，从理论上讲，注册便等同于一种交易。用户注册后，开发者具有搜集、分析数据的权利，并利用信息为客户提供更好的服务，但同时也具有保护用户信息的责任。因此，个人信息可否被收集并非关键，而是使用时对信息私密性的保护。尽管大数据会威胁个人数据信息的安全，但是其有利的价值远远大于不利的一面。依靠数据挖掘技术，大数据系统能够从沉睡多年的数据中发掘出数据深层次的价值，揭示事件发生的潜在规律，找到事物之间的关联性，指出问题的症结所在，给出解决问题的最佳方案。

随着新媒介技术的蓬勃兴起，大数据的应用越来越广泛，对于数据的搜集、整理、分析乃至运动的结果将成为研究的重点。有一部分学者对大数据持有警醒态度，以杰伦·拉尼尔（Jaron Lanier）为代表，认为"网络极权主义"对个人发展具有深刻的影响，云端计算、大数据分析、群体智慧可能从根本上影响人的道德与精神，甚至产生所谓的乌合之众②。随着大数据技术的飞速发展与广泛渗透，我们需要重新认识人与数据之间的关系，数据成为社会组成必不可少的一部分。

在人与数据的关系问题中，为防止技术异化，应当主张以人为本，回归人本主义，重新树立人在数据讯息传播中的主体地位。技术决定媒介，媒介决定内容，三者融为一体。数据实现了个性化、情感化、实时化与定制化的人对人、人对机器的传播场景，每一种新媒介都改变了人们传统的思维习惯和行为习惯。或许有一天，所有的媒介产品都将产品化和网络化，产品不断把新的媒介赋予受众，受众可以利用媒介与世界进行交流，并在交流过程中创造新的讯息。在物联网时代，数据传输更加快捷，数据更新的频率和对人的效用不断扩大，保障数据讯息中的人本主义是构建数据伦理的重中之重。物联网的应用需要依靠大数据作为支撑，所以合理运用大数据技术对于物联网的发展具有重要的现实意义。

---

① 李伦，黄关. 数据主义与人本主义数据伦理 ［J］. 伦理学研究，2019（2）：102－107.
② Howard, R. Smart Mobs: The Next Social Revolution ［M］. Basic Books, 2002.

### 4.3.3 从人机交互到万物互联

信息技术可以分为人机交互、人工智能、万物互联这三大核心领域。人机交互指的是人与人、人与物、人与大自然交流的方式，显示、传感、生物识别、语音识别、人脸识别其实都属于人机交互的一种方式。当机器接收到人输入的信息之后，要通过既定的算法、软件进行决策和分析，这便是人工智能。有了人机交互、人工智能，由于社会的属性是连接，既有有线连接，也有无线连接，比如 5G 网络，它属于万物互联中最为重要的技术支撑。万物互联的前提是功能的延伸和相互的协作，通过 5G 网络的连接技术，形成万物互联的信息网络社会。

1. 5G 与人工智能、物联网的融合——万物互联的基础

物联网的核心不是物而是连，人与物、物与物相连之后实现智能化，智能化指的是让机器像人一样具有自主学习的能力。随着新技术的成熟，新型的、先进的人机交互应用将来自 5G、人工智能和物联网的融合。这种融合将使世间万物形成一个智能连接，对个人、社会、行业与经济产生积极的影响。自 2018 年 6 月 5G 标准正式发布以来，5G 商用进程不断加速。通信技术的不断发展处理了人与人之间的交流问题，而 5G 改变的不仅是交流方式，还将改变整个社会。

4G 改变生活，5G 改变社会。5G 作为网络时代最重要的基础设施，为传统经济向数字经济转型提供了技术前提。未来的数据上传云端、车联网、自动驾驶、智慧医疗、智慧家居等各项物联网应用离不开高速率的 5G 网络。自动驾驶车辆已经在物流、交付、农业以及陆地和空中运输方面为许多行业提供改进，车联网则可以为驾驶员提供广泛的帮助，同时为乘客提供娱乐服务。目前，市场上的联网车辆已经达到了 Level 3 级的自动驾驶水平，Level 4 级将使车辆在某些条件下完全控制整个行程，而乘客可根据需要随时接管汽车。具有 Level 5 级自主权的车辆不再有方向盘或踏板，取而代之的是，移动设备将使智能无人驾驶为用户服务，用户只需上车、放松，并可以利用驾驶行程来工作、阅读、打电话、看电影甚至休息。若要实现 Level 5 级车辆，网络升级至关重要。因此，汽车行业需要与移动运营商进行合作，结合 5G 网络以制定连通性和自动化的颠覆性战略。

5G 与人工智能的融合，在 5G 的部署上提高用户体验和增强不同的应用

场景中有很大的潜力。通过人工智能的应用可以将智能扩展到无线边缘，解决海量数据带来的挑战，从而实现更多的设备之间直接进行交流，传递知识和数据，为用户提供更好的体验和服务。由人工智能提供支持的智能平台，以及越来越多地使用大数据和机器学习，使用从物联网收集的数据，以改善决策制定并提供更高质量的产品和服务。5G 与物联网的融合，将实现人和物体可以随时无缝连接到任何可用的超快网络，使人类达到全新高度的工业生产力水平。

5G 技术通过与人工智能、大数据的紧密结合，将打开万物互联的全新时代，彻底改变人与物、物与物之间的交流，从停车场、商场的智能化改造，到无人驾驶汽车、智能音箱、智能扫地机器人等家庭智能硬件，都将重塑人类的生活方式[1]。消费者将享受更多身临其境的情境体验，社会将利用新技术来应对挑战，各行业将使用新技术达到新的效率和生产力水平。娱乐、交通、公共服务、工业制造等行业都将经历变革，并以环境可持续性为中心。目前，物联网已经逐渐成为人们日常生活的一部分。AI 助手、Siri 和 Alexa 可以在手机中回答问题，与人进行交流；健康手环和智能手表记录人们的日常健康管理数据；家庭也越来越多地使用各种智能仪表和智能灯泡等连接设备。电子信息产品中的嵌入式传感器不断为用户提供更多必要的数据。万物互联所需要具备的智能连接基础是基于 5G 的物联网。在现阶段主要指功能强大的 5G 网络和 AI 驱动的分布式智能平台与数十亿移动设备所构成的经济而高效的强大组合。

在 5G 应用的推动之下，物联网、虚拟现实、增强现实、自动驾驶等技术将实现快速发展、全面融合，而各产业的图景也将产生革命性的变化。以 5G 技术为支撑构成连接万物、无所不在的泛在网络，是万物互联时代的泛在基础设施。移动互联网向万物互联、智能互联跨越，5G 可以被看作万物互联的基础，形成物物相连、人人互通、人机互动的脉络网，它将引发革命性变革，并在未来催生大量的行业应用及就业机会。

2. "无人经济"时代的智慧生活——万物互联的愿景

"历史是一部媒介形态发展的历史"，作为技术决定论者，麦克卢汉在 20

---

① 高慧琳，郑保章. 基于麦克卢汉媒介本体性的人机融合分析 [J]. 自然辩证法研究, 2019 (1)，35 (1)：27 - 32.

世纪六七十年代郑重地向世界宣布这一著名论断时，引发了学界对媒介形态演变趋势的探讨并让学者对未来世界会如何发展充满好奇。媒介形态的演变过程经历了口语和文字时代、印刷时代、电子和网络时代，以及当下的智能时代。麦克卢汉的"万事万物皆为媒介"论断正在逐步走向人们的日常生活，基于云计算、物联网、传感器设备、可穿戴设备、大数据等先进技术逐渐"武装"人类的感知方式，并改变客观世界的物质形态，加强事物之间的联系。麦克卢汉曾预言，未来的地球村将拥有相互关联的电子神经系统，我们生活在同一个地球村。万物互联所带来的变化将逐渐渗透到创新的医疗与教育模式、城镇化发展、民营企业以及消费导向的中小型企业市场乃至电商市场等一系列广阔的领域。

随着物联网技术应用进入成熟期，无人支付、智能家居、无人驾驶等一系列应用加速普及，生产生活中的很多场景正在逐步脱离对人的依赖。目前，物联网技术开始在一些领域尝试应用，例如共享单车远程开锁、骑行轨迹跟踪记录、无人驾驶、无人超市、智慧物流、桥梁和高速公路实时健康监测等，都是物联网与大数据融合后的衍生技术。无人超市将商品、消费者"数字化"，消费者只需要一部智能手机，通过扫描二维码进入超市，挑选商品之后将所要购买的商品通过智能收银设备，识别商品名称、价格、数量并得出总价，最后通过手机付款完成购买。虽然超市里没有服务人员，但购买效率并没有因此降低。无人超市里面不设置收银员、导购，一方面可以方便消费者选择产品，另一方面可以避免消费者在购物时被人注视，其简单的支付方式也可以极大地缩短结账时间。随着面部识别系统发展完善并普及应用，消费者与商品之间的"对话"将不再需要手机作为中介，从间接转为直接，实现精准智能管理。

"无人经济"时代的到来，自动化的智慧生活将人们从繁杂的日常琐碎中解放出来。智能音箱可以根据用户的生活作息进行新闻播报和音乐播放；企业职员通过面部识别将身份数据存储到公司服务终端，实现打卡签到、门禁解锁；网上购物时通过与智能语音终端设备对话，实现快捷支付；智能冰箱可以在手机上远程查看冰箱里的食材状况，适时调节温度；智能空调可以根据环境温度与人体温度，自动调节最为舒适的温度与风速，并可以通过手机进行远程控制。智能机器人及其远程操控也为人们的疾病及时治疗提供了便利。由麻省理工学院和 Heartport 公司联手研制的达芬奇手术机器人截至 2018

年 9 月已经在全球生产使用了 4814 台，采用达芬奇手术系统治疗的患者总数
更是超过了 500 万例。最近亮相 2019 年世界机器人博览会的第四代达芬奇 Xi
手术机器人更加智能，通过最尖端的智能化灵巧机器手，直观的 3D 立体视觉
人机界面控制，成为医生眼手的自然延伸和得力帮手。

随着物联网、人工智能、5G 网络的不断成熟，智能家居、智能驾驶、智
能可穿戴设备等将逐渐融入人们的生活，与此同时智能硬件也将与金融、交
通、教育、医疗、能源等传统行业实现深度融合，智慧生活将会逐步实现。
通过 5G 网络技术，将加速现实社会与互联网空间的深度融合，促进人、机、
物迈入虚实结合、互联互通、共享开放的智慧型社会。

麦克卢汉所处的时代是媒介爆炸的时代，如今我们所处的时代是数据爆
炸的时代，呈井喷式增长的数据使人类社会发生了巨大变革。大数据作为物
联网发展的基础，通过传感器收集数据、云计算和运用人工智能分析数据等
形成新的讯息，已然成为一种全新的媒介。以物联网技术为支撑，以数据为
核心，全方位地了解受众、获知反馈、指导创新，为数据传播方式的变革创
造了诸多新的机遇。然而，任何技术的发展都存在两重性，大数据虽然能够
提供信息，但却不解释信息；可以引导人们理解，但也会造成误解。大数据
讯息的传播若是缺乏人的把关，后台计算机复杂计算的结果进入受众视线的
或许仅仅是一个不包含价值判断、道德伦理等重要人本因素的冷漠数据，甚
至有可能误导受众，造成讯息失控甚至社会混乱。我们应当辩证地看待讯息
传播方式对受众的影响，努力消减数据讯息对社会伦理的负面作用，将有助
于促进大数据和物联网技术的理性发展和正确应用。

# 5  人工智能技术对麦克卢汉媒介观的提升

麦克卢汉的媒介延伸论指出了万事万物对人类肢体各部分功能性的延伸，在未来的智能社会，万物智能的实现是对人类智能的延伸，除了行为能力上的延伸，还有学习能力、思维能力等各项能力的延伸。在人类文明的发展历程中，先后经历了石器时代、蒸汽时代、电气时代、信息时代。在 21 世纪，随着人工智能（artificial intelligence，AI）技术的不断发展成熟与广泛应用，人类正在从信息时代迈入智能时代。所谓智能，指的是主体对自然环境的感应、认知与抉择的各种行为能力[①]，人工智能则是指人工制造的智能，是人类智能中智能机制的另一种实现方式。人工智能技术在帮助人类的同时，也揭露了人、机之间的矛盾。当智能机器通过对人类智慧的延伸而拥有人类智慧的全部功能时便会走向人机融合，当人们把作为工具的智能机器从属地位变成与人一样的主导者，便会造成人工智能发展的困惑。若将智能机器看作一个工具仅仅是对人的部分延伸，而非一个独立主体，将有助于理清人类智能与机器智能的关系。目前，以物联网为核心的新一轮科技和产业革命正在迅猛发展，将给人们的工作、生产、生活方式等带来变革性变化。人、机、物三者之间将实现无缝对接、移动互联、协同发展。基于人类社会和谐发展的需求，在道德和伦理的框架下，对人工智能技术的发展趋势进行哲学思考十分必要。

---

① 杨学山. 智能原理 [M]. 北京：电子工业出版社，2018：129.

## 5.1 脑机融合——人类大脑的延伸

人工智能技术是根据人类智能创造人工大脑，人工大脑则是基于"缸中之脑"的思想实验。人们在怀疑"缸中之脑"假说的同时，也在创造"缸中之脑"。虽然人工智能不是人的智能，但是可以对人类意识、思维过程进行模拟，能够像人那样思考，甚至可能超过人类智能。若进一步将机器与人脑结合，通过脑机信息的深度融合，将使人类的智慧得到更进一步延伸，随着超越常规人类智慧的人工智能进一步发展成具有超大信息存储能力、超快运算分析速度、超敏感知功能、超强逻辑推断能力、超越普通人思维能力的人工大脑的时候，人工智能带给人类的或许不是福祉，而是灭顶之灾。高科技发明有时是一把"双刃剑"，基于此，从哲学的角度出发探讨人工智能和脑机融合技术发展对人类生存和发展的影响，对于人们更好地把握和利用这一高新技术，具有重要的现实意义。

### 5.1.1 "缸中之脑"假说的阐释

"缸中之脑"是美国哲学家希拉里·普特南于1981年在《理性，真理和历史》一书中提出的思想实验。简单来说，就是将人脑和躯体假想分离，将活性的大脑置于适合其生长的特殊培养液缸中，并将大脑的末梢神经与超级计算机相连，通过电流对大脑刺激唤起脑中记忆，或通过向大脑输入代码产生新记忆或消除大脑中的以往记忆，并让大脑按照计算机输入的指令来运转①。"缸中之脑"假说与笛卡尔的"我思故我在"、贝克莱的"存在即被感知"、庄子的"庄周梦蝶"等怀疑主义哲学命题具有一定的相似之处，人们对其探讨的视角从技术层面延伸到了哲学层面。

1. "我思故我在"与"缸中之脑"

笛卡尔在《第一哲学沉思》一书中详细阐释了"我思故我在"这一哲学命题，体现的是一种普遍怀疑的思想，他的形而上学体系是基于该命题构建

---

① 高慧琳，郑保章. 人工智能语境下对"缸中之脑"假说的哲学诠释［J］. 科学技术哲学研究，2018（10），35（5）：58-63.

起来的。笛卡尔首先对感觉和知觉的可靠性产生怀疑，这是经验认知的重要途径，进而衍生出我们认知事物本身的实在性和完满性是否接近真理。笛卡尔对一切事物产生怀疑，怀疑一切都是虚假的，怀疑到最后只剩下"我在怀疑"时，发现"我在怀疑"的基本条件是"我存在"，因此怀疑本身是不能被怀疑的。

笛卡尔的身心二元论思想是将肉体与思维分开来考虑，即人可以脱离肉体而进行思考①。而"缸中之脑"假说的提出便引发了这样一个问题："我如何判断我自己是不是缸中之脑？"该假说直指"存在"的本质，判断我是否存在，只有笛卡尔的"我思故我在"可以解答。当我处于反思或者怀疑的过程中，我这个主体是可以被意识到的，这个正在怀疑的主体是存在的。当我们反问自己是谁在反思，是谁在怀疑，答案必然是我这个主体。尽管周身所有的事物都是虚拟的甚至是虚假的，但是这个正在怀疑的主体是可以被我自己所控制的，这便是自我。

2. "存在即被感知"与"缸中之脑"

贝克莱提出"存在即被感知"②的观点，他在《人类知识原理》一书中写道："天上的星辰，地上的山川景物，宇宙中所含的一切物体，在人心灵以外都无独立的存在；它们的存在就在于其为人心灵所感知、所认识，因此它们如果不真为我所感知，不真存在于我的心中或其他被造精神的心中，则它们便完全不能存在，否则就是存在于一种永恒精神的心中。"③

由此产生了这样一个疑问，既然存在是由于被认识，那么人尚未认识它的时候，它是不是存在的？贝克莱对此的解答是，要么不存在，要么就在永恒认识的上帝之中。如果按照常识来看，可感事物是因为先被感知而后才存在，其中体现出了一个逻辑顺序问题，比如一张桌子，如果没人看着它，那它就是不存在的，这显然是无法被人接受的。对此异议，贝克莱辩解：如果反过来，可感事物在不被感知的情况便是存在，那更是不合逻辑。贝克莱否定物质存在，反对哲学家所说的"物质实体"，认为是神在感知一切，认识的一切根源在于精神的主体性，在于心灵。只有被精神性主体认识到的，才是

①  [法] 笛卡尔. 第一哲学沉思集 [M]. 庞景仁译. 北京：商务印书馆，1986：76－94.
②  出自贝克莱的《人类知识原理》"第一部""绪论之后"第二小节末尾："因为一个观念的存在，正在于其被感知"以及第三小节最后一句话："所谓它们的存在就是被感知……"等。
③  [英] 乔治·贝克莱. 人类知识原理 [M]. 关文运译. 北京：商务印书馆，1973：20－26.

存在的，未被精神性主体认识到的，则是在一个永恒的、认识中的精神主体里，这个精神主体就是上帝。

连接"缸中之脑"的超级计算机可以比作贝克莱所说的精神主体，它可以使人的大脑具有与真实相差无几的幻觉，其所获得的感觉经验与计算机传输到大脑神经的信息完全相同，因此我们无法意识到自己是缸中之脑。如果说整个宇宙只是一个由超级计算机控制的盛有大脑的营养缸，所有人类都是缸中之脑，那么它所形成的公共幻觉使得我们能够听到、看到、感觉到周围的人和物，相互之间可以进行自由交流，而实际上这一切并非真实存在①。

3. "庄周梦蝶"与"缸中之脑"

"庄周梦蝶"是战国时期道家学派代表人物庄子借由其故事所提出的一个哲学命题，其探讨的哲学问题是"作为认识主体的人到底是否能够准确辨别真实与虚幻"。庄子通过对梦中自己变化为蝴蝶和梦醒后蝴蝶复化为己的故事进行描述与探讨，总结出人无法准确辨别真实与虚幻的观点。

这里体现出一个哲学问题：人如何认识真实。在普通人看来，梦是虚幻的，人在清醒时的所见所闻都是真实的。而庄子认为，醒和梦是两种不同的境界，当梦中的场景变得与真实无异，那么沉浸在梦中幻境的人则无法辨别自己是否在做梦。也就是说，先有人的存在，然后才有意识。虽然意识是通过人这个实体产生的，但是意识本身并没有实体，因此产生思想的前提是人这个实体是真实存在的。

庄子的梦境就好比"缸中之脑"假说中连接缸与大脑的计算机，庄周处于梦境之中，无法判断是庄周梦蝶还是蝶梦庄周。当"缸中之脑"接收到"我正在上课"信号时，这个"我"真的在教室吗？此时大脑感受到的环境看似真实，实际上可能确是外部设备模拟出来的虚假信号。无法判断大脑所认识的世界是否真实，无法判断这颗大脑究竟是"缸中之脑"还是"颅中之脑"。由此可见，当人处于极端情况时，一切依靠经验的结论都是无法被信服的。

### 5.1.2 从"缸中之脑"到"人工大脑"

"缸中之脑"假说所探讨的问题是：如何判断我们身处的一切是真实存在还是电脑模拟的虚幻场景？我们是否生活在虚幻之中？我们的大脑是否在

---

① 曹剑波，张立英. 我知道"我不是缸中之脑"吗？[J]. 自然辩证法研究，2008（3）：50-56.

"缸"中，完全受制于一个强大的他者而不自知？若我们不是缸中之脑，那我们能否创造出这样一个"缸中之脑"？

1. 缸内之人——真实与自我

"缸中之脑"假说的提出旨在追问何为真实，何为自我。无论是庄子的"庄周梦蝶"还是柏拉图的"洞穴之喻"，在科技飞速发展的今天，这些问题看似可笑，我们的生活早已远离洞穴与火把。但是，电影《黑客帝国》和《盗梦空间》仍然会给人们带来对自身认知的恐惧：我们是否拥有独立思考的自我认知能力？我们是否在被一台超级计算机操控而不自知？

笛卡尔提出的"恶魔理论"指出，一个人所有的经历可能都只是一种强大的外力——一个"恶毒的魔鬼"所造成的结果。结合"缸中之脑"思想实验可以得出如下结论：我们不能确定除意识之外的任何事物是真实存在的。"我们可以尝试去想象，并非只有一个'缸中之脑'，所有人类（或许所有有直觉的生物）都是'缸中之脑'，或许没有邪恶的科学家，或许宇宙仅仅是由自动化的机器组成，它们管理着一个充满神经系统的大缸。"[1] 假如人是缸中之脑，则处于缸中的人是应该生活在虚拟的被控制的缸中还是选择反抗？在普特南的假说中，处于缸中之脑的人没有理性思维能力，因此无法意识到自己是否属于缸中之脑。当人无法认清自己身处的是电脑创造的虚拟场景还是现实世界，便无法确定自己对于这个世界的信仰是否正确。由此可以联想到量子力学的哥本哈根诠释，物理学家约翰·惠勒指出，"任何一种基本量子现象只有在其被记录之后才是一种现象。"[2] 意思就是所有我们认为是客观存在的物体都只是通过大脑的感觉和意识发送出来的信号。

在传统认识中，我们将人类得到的共同认识称为"客观实体"。以月球为例，它是独立于意识而客观存在的。尽管我们可以通过各类仪器观测到它，宇航员可以站在上面接触到它，但是却仍然无法证明月球是独立于意识而存在的，因为这一切仍是来源于人类自身的意识，我们仍旧无法证明自己所看到的、摸到的、意识到的所谓的现实世界是真实存在的。虽然无法证明，人类依然能够将这些"共同"体验称为"客观存在"，因为这是所有人的感官

---

[1] ［美］希拉里·普特南. 理性、真理与历史［M］. 童世骏，李光程译. 上海：上海译文出版社，2005.

[2] 1979 年，美国物理学家约翰·惠勒提出"延迟实验"得出结论，任何一种基本量子现象只在其被记录之后才是一种现象。

都能感觉到的东西。

人的思维基于自身的经验认知，"缸中之脑"认识自身的难点在于它无法正确地认识何为大脑，何为缸；无法真正区分何为真实，何为虚拟。但是，"缸中之脑"假说用大脑代替人的意识，将大脑和身体分离，这种把"人"单纯地分为灵与肉是片面的。各个器官组成了一个完整的人，每个器官之间的运作是一个系统的存在，外部环境与人的身体是构成人的意识的组成部分，人的大脑并不是思维和意识的唯一决定性因素，人的思想不仅受到外部环境的影响，还受到先天的制约。人类的认知具有局限性，"人定胜天"可能只是人类自身的一厢情愿。

2. 缸外之人——真实技术创造的虚拟

当我们走出"缸中之脑"所带来的束缚感和制约感，将自己看作疯子科学家，我们能否创造出这样一个缸中之脑，也就是"人工大脑"？

"人工大脑"概念的提出引起了业内的广泛关注，"人工大脑"简单解释就是有着类似人脑/动物脑认知能力的软件或硬件。1956年，"人工智能"概念在美国达特茅斯（Dartmouth）学院被首次确立，即让机器能够像人那样认知、思考和学习，用计算机模拟人的智能。普特南假想人类是缸中之脑，而人工智能则是人类创造出的人工大脑。人工大脑和人工智能看似相近，却仍有区别，人工大脑更偏向于神经科学和脑科学领域的研究，而人工智能更多的是算法和数据，如今的人工智能更是利用大数据的支持方式，所以也被直接称为大数据智能。

随着人工智能技术的不断发展成熟，其应用也应运而生。20世纪70年代以来，人工智能的应用领域包括机器人、智能控制、机器翻译和博弈等，经过60多年的发展，人工智能涌现出如自主智能系统、大数据智能、人机混合增强智能等许多新的关键理论与技术，将计算机与人通过互联网相连，形成群体智能，模拟人类智能。人工智能的终极目标，是在没有任何先验知识的前提下，通过完全的自学，达到超人的境地。作为人工智能的标志性成果，阿尔法狗（AlphaGo）① 的胜出引起世界的震惊。新一代的阿尔法元

---

① 阿尔法狗（AlphaGo）是由谷歌（Google）旗下 DeepMind 公司戴密斯·哈萨比斯领衔的团队开发的人工智能程序，其主要工作原理是"深度学习"，2016年3月战胜围棋世界冠军，成为第一个击败人类职业围棋选手的人工智能程序。

（AlphaGo Zero）① 甚至不需要参考人类任何先验知识，完全依靠自身的强化学习和参悟，棋艺水平大幅超越阿尔法狗。

人工智能技术使人类生活发生了翻天覆地的变化，在带来高效和便捷的同时，也引起了人们的担忧。当由人工创造出的智能大脑发展到一定阶段的时候，它是否会产生自己的意识和思维？它是否会意识到自己是"缸中之脑"？当它产生自我意识的时候，是否会对人类构成威胁？美国科学家雨果·德·加里斯认为，"人工大脑"迟早会超过人类。他在《智能简史》一书中预言，人类将分裂成宇宙主义和地球主义两个政治集团，宇宙主义（把制造人工智能当成宗教）和地球主义（反对人工智能），并称这两个集团会发生大战②。由此可见，加里斯对人工大脑的发展持有悲观态度，他自认为自己是一个宇宙主义者，对一个科学家来说有能力而不去做是痛苦的，但又担忧自己所做的一切最终毁灭人类，担心是在创造上帝还是在制造人类自己潜在的终结者？然而，科技前进的车轮只能滚滚向前不可阻挡，我们或许只能期许人工大脑最终能去更广阔的宇宙，让人类在地球上继续自由地生存。

关于缸中之脑的假说，信息通过电子信号传递到大脑，由视神经、听神经、嗅神经等多个神经元共同作用形成脑中记忆。当我们成为那个可以操控大脑和缸，并创造出接近现实的虚拟场景的缸外之人时，我们便会开始担忧被我们操控的大脑终有一天会形成自己的意识并进行挣脱和反抗。

### 5.1.3 从"人工智能"到"机器智能"

人工智能技术发展最需要解决的问题是机器的自主性学习能力以及执行高级指令时的自我升级能力，但是一些学者认为，让计算机本身具有与人类相同的自我意识和进化能力是十分危险的，它的不确定性会对人类造成威胁。当机器拥有了自己的思维和意识，拥有了自主的情感，它们和人类的冲突便不可避免。尽管这些想象目前只在科幻电影中有所呈现，但是随着科学技术的不断发展，这些想象极有可能变成现实。就像智能手机和互联网一样，数十年甚至数百年前，没有人会意识到将来有一天它们会成为人们生活的必需

---

① 阿尔法元（AlphaGo Zero）是 Deepmind 公司研发的新版程序，也就是阿尔法狗（AlphaGo）的升级版。

② ［美］雨果·德·加里斯．智能简史［M］．胡静译．北京：清华大学出版社，2007.

品，会彻底改变人类传统的生活方式。

1. 人工智能发展的初衷

人工智能发展的初衷是为了更好地协助和替代人进行一些烦琐的计算、分析、决策等工作，减轻人的脑力劳动强度。物联网技术的飞速发展推动了人工智能技术的研究，两者与云计算技术的结合呈现出了新的技术发展趋势，目的是让计算机可以更加接近人类思维，进行自主性的学习和判断①。阿尔法元的胜出是因为它摆脱了对人类标注样本（人类历史棋局）的依赖，让深度学习用于复杂决策更加方便可行。人类经验由于样本空间大小的限制，往往无法被发现，而机器学习可以突破这个限制。阿尔法元的围棋技术超越了围棋大师，打破了人类经验的神秘感，证明人脑中形成的经验是可以被探测和学习的。

人工智能技术正在全面重塑机器人产业，推动智能机器人的快速应用，智能机器人的人机交互及识别模块综合了语音识别、语音合成、自然语言处理、图像识别、机器学习等多项人工智能技术，实现机器对人类意识及思维过程的简单模拟，赋予机器人一定的学习、推理、思考、规划等智能行为和能力。科学技术的快速发展使医疗、教育、物流、交通等行业发生颠覆性的改变，数百万的工作岗位将被淘汰。由此可见，并非所有技术都会带来好的结果，正如法国哲学家保罗·维利里奥所说，"船的发明者也是沉船的发明者"。换而言之，无论技术有多好，总会产生正反两个方面的影响。被人类制造出的人工智能设备，比如阿尔法狗和阿尔法元，就好比是"缸中之脑"，它们被人类控制，通过计算机接收人类传递的现有经验，当它们通过各种程序和编码数据产生自主学习和自我意识的时候，它们的能力和人类几乎相同，甚至会超越人类现有经验。它们是否能够发现自己是被人类所创造并被人类控制？普特南认为，被计算机操控的大脑无法与真正的大脑或者真实世界中的事物关联起来，因此无法判定自己是否是"缸中之脑"。

人工智能技术的研发是为了让机器可以帮助人们处理一些机械并复杂的工作，智能设备可以识别图像、诊断疾病、转译语音、检测欺诈、挑选股票等，在一些新的领域几乎可以与人类的表现相抗衡。事实上，目前一些最先进的人工智能设备可以处理的数据样本实际上已经远远超出了人类的处理范

---

① 褚秋雯. 从哲学的角度看人工智能［D］. 武汉：武汉理工大学，2014.

畴，这将会取代曾经看起来过于复杂、无法实现自动化的人类工人。与受生物进化限制的人类相比，智能机器能够以不断增长的速度来改进和重新设计自己，并变得越来越聪明，甚至终将拥有比人类更强大的能力。

2. 人工智能发展的趋势

随着技术的不断发展，未来人工智能发展的目标将是机器智能，即人工智能发展成为高度智能化的机器，具有独立思考、独立分析的能力，通过模拟人类智能行为去处理在各个领域里所面临的问题，代替人类去完成复杂的脑力劳动。机器的自主性学习能力、机器的智能化在科技领域对于人类来说是一个全新的体验。技术的快速发展在某种程度上是一件好事，数字技术的进步可能会以复杂而微妙的方式改变我们工作，尽管会带来一定的风险，但也可以为就业者创造机会。与人工智能系统一起工作的人们会发现，工作效率会大幅度提高，而不是被它们取代。技术的发展是为了服务社会，以人为本研究人工智能技术或许会成为该技术发展的阻力，但更会成为其飞跃的动力。

人工智能是 20 世纪中期产生的新型综合性学科，从诞生开始，人们关于它本身的思考一直持续到今天。人们在享受人工智能带来的惊艳与挑战的同时，也开始质疑它究竟可以走多远，人工智能技术带来的伦理道德问题和技术异化问题开始受到越来越多人的重视。许多科幻电影都描述过人类与机器人的战争，人类最初将人工智能当作引以为豪的科技成果，但是当机器产生自我意识之后，机器人与人对地球的争夺最终会导致战争的爆发。人工智能的异化已经发生在我们的社会当中，而由于人类认识的局限性与片面性，更多的科技异化现象在我们的生活中以不同的形式呈现出来①。人工智能将给人类社会带来巨大的变化，而这些变化有可能给人类带来生存风险。我们无法预测比人类更聪明的实体会做些什么，当它们发现自己是"缸中之脑"的时候，是否会想要摆脱人类的控制。这样所带来的最终结果可能是机器消灭人类，就像电影《终结者》中的场景一样，人类被"天网"② 所奴役。技术发展只有以人为本，改善并促进社会关系，人们对被人工智能奴役的忧虑才会

---

① 郭沅东. 关于人工智能的哲学思考［D］. 哈尔滨：哈尔滨理工大学，2017.

② 天网（skynet）是电影《终结者》里人类于 20 世纪后期创造的以计算机为基础的人工智能防御系统，最初用于军事发展，后自我意识觉醒，视全人类为威胁，以诱发核弹攻击为起步发动了将整个人类置于灭绝边缘的审判日。

消失。在道德和可人类持续发展的层面上思考人工智能技术发展的极限是十分必要的。

"缸中之脑"的精髓在于如何认知自我，我怎么证明我是我，怎么证明我的同一性。也可以这样理解：我们的大脑是为维护自己的生命体与实现自我价值而思维，这才是自我存在的大脑。接受某些违背这一原则的观念，使自己去做一些言不由衷的事情，就是被脑控和被奴役的现象。比如我们生活在社会之中，往往会因为某些事态发展的趋势被迫去做一些违背意愿的事情或接受奴役化的教育等，这都是"缸中之脑"现象，只是处于这种现象的人们还有找回自我的可能，而纯粹的缸中之脑则是无法自醒的。任何一项技术的发展都伴随着自身所带来的辩证矛盾，就像"缸中之脑"这个问题一样，它其实是无解的，既难以反驳，也难以接受。"缸中之脑"假说的提出既体现了超越精神与生命的境界，又加深了对人工智能技术的辩证思考。虽然飞速发展的科技进化速度令我们暂时无法判断人工智能带给人类的会是怎样的影响，但是有一点是可以肯定的，当人工智能发展到人们无法对其主动控制，甚至成为一种如科幻电影呈现出来的具有极高智商的智能机器怪物的时候，其后果将是不可想象的。

科学技术发展产生的人工智能技术，给人类带来的是进步还是毁灭，完全取决于人类自身的态度。将人工智能技术引入战争，是当前人工智能技术发展的一大推动力和极为可怕的事情。俄罗斯总统弗拉基米尔·普京有一句名言，"谁成为这一领域（人工智能）的领导者，谁就会成为世界的统治者"。五角大楼中负责开发商业技术的国防创新部主任迈克尔·布朗（Michael Brown）曾表示，利用人工智能实现"战略推理"是他们的重点研究方向之一。然而，若算法聪明到人类无法理解的地步，势必会引起法律、伦理和信任方面的重大问题。中国有一句古训：水能载舟，亦能覆舟。人类的战争法则要求人们对相称性（如平民伤亡和军事利益之间）和必要性等概念做出一系列判断，而不能解释目标被选择的原因的算法很可能并不遵守这些法则。特斯拉创始人马斯克多次在公众场所发出警告，认为人工智能比核武器更加危险，我们应当对其保持警惕。

对于人工智能技术的研究既来自人类对于认识思维规律的渴望，也来自在社会发展进程中对复杂信息加工的需求。面对新技术所带来的新挑战，我们既不能掉以轻心，也不能盲目恐惧。在现阶段人工智能技术发展尚处于辅助人类解放脑力劳动的初级阶段时候，既要思考其对人类未来可能带来的不利影响，也不可过分顾忌其负面作用而制约当下技术的发展。根据奥卡姆剃刀原则①，既然"缸中之脑"运作产生的结果与你在缸外的结果一样，并不会给你的生活带来任何不同时，那么就可以忽略它，我们只需认真对待当下的生活，按照我们自己的方式生存即可。

## 5.2  人机融合——人类智能的延伸

所谓媒介，从传播学视角来看是指利用媒质存储和传播信息的物质工具。美国传播学家施拉姆认为，"媒介是指在传播过程中用来传递并延伸信息的工具"②。麦克卢汉将媒介定义为讯息，他的"媒介即讯息"理论对媒介的本体性进行了重新定义，颠覆了人们对于媒介的传统认识，使人们认识到媒介形式的变革对人类的行为、思维与感知产生的巨大影响。基于此，麦克卢汉进一步提出了"媒介是人的延伸"。这里的媒介可以狭义地理解为机器，这句话便可以扩展为"机器是人的延伸"。随着科技的不断进步，从人工指导智能到机器深度学习，机器智能化逐渐增强，人们开始担心机器自主意识的发展可能会导致人被机器所奴役，并对人类造成威胁。结合麦克卢汉"媒介是人的延伸"理论与人工智能技术发展趋势，从人与机器的感知融合、行为融合和思维融合，探讨人机融合的本体性、渐进性和辩证性及其对人类行为和社会发展的影响，有助于促进人工智能技术的理性发展和正确应用，实现人与智能机器的协同发展，加速社会文明的进步。

### 5.2.1  人机融合的本体性

在西方哲学中，海德格尔从生存论的视角把媒介与人的存在状态进行联

---

①  奥卡姆剃刀定律（Occam's Razor, Ockham's Razor）又称"奥康的剃刀"，由14世纪逻辑学家、圣方济各会修士奥卡姆（Occam, William of, 约1285－1349）提出。这个原理称为"如无必要，勿增实体"，即"简单有效原理"，正如他在《箴言书注》2卷15题所说，"切勿浪费较多东西去做，用较少的东西，同样可以做好的事情"。

②  ［美］威尔伯·施拉姆，威廉·波特. 传播学概论［M］. 何道宽译. 北京：中国人民大学出版社，2010：5－6.

系，成为将媒介纳入哲学研究领域并从本体论角度思考技术媒介的第一人①。技术媒介本体论是从哲学角度思考技术媒介，进而获得媒介之所是的本质规定性。媒介技术的发展与人类的需求是相辅相成的，如果说媒介是人的延伸，那么亦可说人是媒介的延伸，人与媒介技术交互发展，促进了人机更好的融合。

1. 媒介技术对人的延伸

麦克卢汉提出"媒介是人的延伸"，认为"不论是手、脚或皮肤，人体任何一部分的延伸都会影响到整个心灵与社会"②，这种延伸会对人及所处的环境产生深远的影响。麦克卢汉将人的延伸分为电子媒介和其他媒介两部分，其中电子媒介被认为是人的中枢神经系统的延伸，其他媒介被认为是人的身体器官的延伸，人类每一项媒介技术的发明，都意味着一种新的人类感观的延伸③。在麦克卢汉看来，所有媒介技术都是对于人体器官和神经系统的延伸。

从技术的发展历程来看，麦克卢汉将媒介技术对人类感观的延伸分为三个历史阶段，即机械化时代、电子技术时代和意识技术的模拟时代。在机械化时代，主要是媒介技术自身在空间中的延伸。在电子技术时代，媒介技术在全球范围内使中枢神经系统得到了延伸，并在全球范围内消除了时空差别④。在意识技术的模拟时代，媒介技术通过知识的创造过程，延伸至整个人类，包括人们的感观和神经⑤。麦克卢汉认为，媒介技术对人类肢体的延伸，对人类的行为、感知及思维方式均产生了深远的影响。

随着手机智能化的不断发展成熟，智能手机已经成为人类生活不可缺少的一部分。目前智能手机已经实现了对人类声音、表情和肢体的学习与模拟，人可以通过声音、手势、面部表情等，直接与手机进行对话，命令手机执行操作。有专家预测，作为智能设备的先行者，手机作为媒介，将率先带领人类走向人机融合，未来手机将会成为人类身体的一部分，对人的思维、感官、肢体等实现全方位的延伸，形成真正意义上的无形，完成人机融合。

---

① 张三夕，李明勇. 海德格尔媒介本体论思想阐述 [J]. 华中师范大学学报（人文社会科学版），2017（9）：82 – 86.

② ［加］马歇尔·麦克卢汉. 传播工具新论 [M]. 叶明德译. 台北：台湾巨流图书公司. 1981：9 – 10.

③ 王刚. 麦克卢汉媒介技术观探究 [D]. 天津：天津大学，2013（5）.

④ 梅琼林. 透明的媒介：论麦克卢汉对媒介本质的现象学直观 [J]. 人文杂志，2008：33 – 38.

⑤ ［加］马歇尔·麦克卢汉. 理解媒介（论人的延伸（增订评注本）[M]. 何道宽译. 南京：译林出版社，2011：20 – 22.

2. 人与媒介技术的交互延伸

麦克卢汉的"媒介延伸论"把媒介看作人的延伸。人们把自己的感官能力延伸到媒介，媒介再对人的行为产生影响，进而促进人类社会的发展。麦克卢汉把所有媒介都看成人的某种感官的延伸：天文望远镜是眼睛的延伸，电脑是人类大脑的延伸，互联网是人类智慧的延伸，都聚合了全人类的集体智慧。由此可见，人类的生活离不开媒介的辅助。

每一次技术革命，都会对人类的生活产生巨大的影响。人类将自身所独有的意向性由浅入深、由表及里赋予机器，使其能够具备人类自身的主体性和价值取向，再将人类自身的各种功能从部分到整体、从身体到思维赋予机器，实现其能力的拓展。1956年，"人工智能"概念在美国达特茅斯学院被正式确立，即用机器模拟人的智能，让机器可以像人一样思考、学习和认知。人工智能是一门新的技术科学，基于对人类智能的模拟、扩展和延伸，以大数据、云计算为运算平台进行深度学习。人工智能按照其智能程度可以划分为弱人工智能和强人工智能。所谓弱人工智能，它只是一种帮助人们理解思维的工具，而强人工智能则拥有类似人类的思考、判断以及自我意识和自我进化发展的能力，甚至能够与人类实现完整融合。

深度学习拓展了人工智能的适用领域，为机器学习带来了更强大的预防医疗、无人驾驶汽车等实用技术。人机交互学习从教育、人力资源、风险投资、艺术、心理学与行为科学等领域影响我们的生活，人工智能通过借助深度学习对新的技能和知识进行不断学习，逐渐改变人们的生活方式。

### 5.2.2　人机融合的渐进性

麦克卢汉于1964年在《理解媒介》一书中首次提出"地球村"一词。随着信息技术的发展，人与人之间的交流方式越来越简单化和直接化，时间和空间上的差异被逐渐消除，进而实现全球化。随着互联网与人工智能技术的发展，西方学界将"地球村"的概念进化成为"地球脑"，人类的大脑与思维在新媒介环境下，通过信息加工与信息处理，彼此之间相互作用，逐渐合为一体，通过技术手段将其反馈到智能机器上，使之形成人机融合[①]。人机融

---

① 石苑. 从"地球村"到"大数据"——媒介环境学派感知模式的方法论意义 [J]. 文化与传播，2013（2）：23–29.

合的实现与融合程度是一个相对缓慢的渐进过程，主要体现在感知融合、行为融合和思维融合三个层次的发展阶段。

1. 感知融合阶段

感知融合是实现人机融合的第一个阶段，即对人类直觉或感知行为的模拟，比如听觉、视觉、味觉、嗅觉、触觉等。人工智能技术发展至今，感知融合已经发展较为成熟。车联网、虚拟现实穿戴设备、传感器、移动终端设备的流行，使感知设备得到了快速普及。在麦克卢汉看来，各项技术对人的感官都进行了不同程度的延伸，即"媒介是人的延伸"。这种延伸是对人体感官的放大和增强，当机器拥有了人对物的感知，便实现了感知融合。

麦克卢汉认为"技术的影响不是发生在意识和观念的层面上，而是要坚定不移、不可抗拒地改变人的感觉比率和感知模式"①。他将媒介技术对个体感知方式的影响作为其媒介理论探讨的重点之一。人对物的认识来源于感觉经验，人的感知过程就是通过各个感官或者外在工具对外界信息进行不断的认识、解读、分析和判断的过程。麦克卢汉认为媒介技术是人体感观的延伸，新媒介技术的出现不仅扩宽了人类感观的延伸范围，而且可以通过机器来延伸人类自身的感观，同时，智能机器通过对人类感观的深度学习，进而产生类人的感知能力。

浙江大学"脑机融合感知和认知的计算理论与方法"课题组做了一个实验，让佩戴特殊装备的大白鼠在带有各种指示箭头的沙盘上准确找到目标照片。计算机的视觉强化了大白鼠自身的视觉，大白鼠"看"到的景象，通过无线信号传输给计算机，自动分析与识别图像中的物体，并规划出下一步运动策略，再经由无线信号回传给大白鼠，由此实现了生物自身的感知和认知能力与机器的计算能力深度结合。这种机器智能与生物自身智能融合的模式，被称为"混合智能"，该实验的成功推进了人工智能技术向人机融合发展的进程。最近，微软公司的科研人员正在努力寻找一种能够借助大脑植入物来增强人类智力的方式，进而为残疾人服务，希望他们也可以体验到高科技所带来的便利与成果。

随着互联网技术的不断发展成熟，人与机器的关系变得更为密切，网络

---

① McLuhan, M. Understanding Media: The Extensions of Men ［M］. New York: McGraw - Hill Book Company, 1964: 23 - 24.

可以快速聚集并反馈出人们的需求、发现、知识、创意和具备的能力。随着感知融合的研究不断成熟，从中衍生出的计算机视觉、机器学习、模式识别等研究领域，使人类的感知能力借助人工智能技术被不断拓展与放大。与此同时，人工智能在该阶段完成技术积累，智能机器或系统开始进行深度学习，它们可以像人一样，可以看、听、说，有触感、能理解、会思考，这是人工智能领域正在努力的目标。

2. 行为融合阶段

如果说感知融合是让机器拥有独立自主感知的能力，那么行为融合则是让机器具备人的行为能力，进而成为人的辅助工具。不仅仅是简单的模仿人类，而是让机器为人类解决更加专业的问题，使智能设备成为人们的帮手。

随着机器通过深度学习进行不断的进化和升级，进而实现了对人类行为能力和工作能力的替代甚至部分超越。以金融行业为例，将理财经理的经验转接到智能机器上，通过自身的深度学习和处理，为更多的客户提供更为个性化、更为完善的理财服务，以减轻高人力成本的压力和精力以及人力不足的局面。在对行为的模拟和学习过程中，衍生出了机械臂与移动机器人。机器人产业逐渐成为创业者的研究目标，它是人工智能领域中最成熟的载体之一。

机械臂作为机器人研发的一部分，率先获得了一定的研究成果，例如利用机械手代替传统生产线工人的重复性工作。机械手具有运行速度快、失误概率低、长时间连续工作、提高生产效率、大量节省人力、降低成本等优势。随着技术的不断进步，智能设备的逐渐普及，机械手的简单模拟工作已经无法满足需求。最新研制的快递分拣机器人集扫码、称重、分拣三项功能于一身，实现快递面单信息识别、最优路线投递、自动充电功能、24 小时不间断、精准和高效分拣。日本发那科（FANUC）公司于 2015 年研发的基于视觉的随机摆放零件机器人精准抓取和数控机床零件的自动化安装系统，都是人工智能的行为融合在制造业智能化机器人中的具体表现，是对人的行为意识的延伸。

美国生物力学专家休·黑尔（Pro. Hugh Herr）研发各种高级仿生肢体，它们具备人类双腿的大部分功能，可用于行走、奔跑甚至是攀岩，并且打造出世界上第一个踝足假肢机器人系统最新发展的汽车无人驾驶技术是一种高度感知融合的人工智能技术典型应用。无人驾驶技术从行为、感知、操作、应急等方面几乎和人的反应一模一样，有些方面甚至要超过人类。汽车的内部结构将会被人工智能技术彻底改变，比如汽车内的前置摄像头可以在嘈杂环境中通过"读唇语"来读懂司机，追踪司机的眼睛来判断其是否睡着或走神，汽车外的传感器和摄像头可以利用传感技术提高安全性，对可能遇到的危险进行语音提示和操作预判。简单来说，无人驾驶汽车就是将电动汽车和机器人司机相结合，以实现人机融合。

从中国的快递智能分拣技术到美国仿生肢体技术、可超越人类体操动作的波士顿动力 Atias 四足机器人，再到无人驾驶汽车，随着人工智能技术的逐渐成熟，一个又一个人工智能产品被研发出来，人类在机械化时代逐步实现了对自身肢体的延伸。正如麦克卢汉所说，"对人体通过延伸而增加的力量和速度所作的反应，将产生新的延伸和需要。新的需要及其新的技术回应，是由于我们拥抱现存的技术而诞生的——这是一个生生不息的过程。"①

### 3. 思维融合阶段

随着电子时代的到来，标志着人类开始迈入从技术上模拟思维的阶段。在感知融合和行为融合之后，思维融合是实现人机融合发展的高级阶段，即对人类思维与意识的模拟，包括推理、规划、记忆、决策与知识学习等高级智能行为，亦可成为深度学习阶段。

人工智能的核心是对人的意识和思维过程的模拟，它可以充分研究人类的思维方式，从对讯息的接收到对讯息的筛选与整合，进而与人实现思维融合。它将现实所有物理事件产生的东西归结于数据，然后再把数据用神经网络的方式去认知和理解，达到过去所有算法无法企及的高度。深度学习是当今人工智能技术的核心，它不只是一种算法的升级，而是一种全新的思维模式。人工智能的研发目标，就是在没有先验知识铺垫的基础上通过完全的自学来达到超人的境地。阿尔法狗的胜出引起世界的震惊，它依靠的不仅仅是人工智能，还有其他新的技术，如自我博弈进化技术。新一代的阿尔法元，在无须参考人类任何先验知识和历史棋谱条件下，完全依靠自身的强化学习和参悟，棋艺水平大幅超越阿法狗，百战百胜②。

---

① 梅琼林. 透明的媒介：论麦克卢汉对媒介本质的现象学直观 [J]. 人文杂志，2008：33－38.
② GAO Huilin, ZHENG Baozhang. Human－Machine Integration：A Philosophical Analysis Based on McLuhan Media Theory and Traditional Chinese Culture [C], The 8th International Conference：Applied Ethics and Comparative Thought in East Asia. 2018（9）.

如果把阿尔法狗和阿尔法元看作是针对围棋的智能程序，那么无人驾驶技术则是针对汽车的智能程序。无人驾驶技术的研发核心在于机器对人类思维的深度学习。目前的无人驾驶汽车以及相关研究的重点都在探索能够像人类思维一样可以预见突发状况并采取及时应对措施的智能技术。对"下一秒"进行判断是未来无人驾驶汽车发展的新目标。2018 年上半年，谷歌宣布其开发的人工智能语音技术"Duplex"已经部分通过了图灵测试。Google Duplex 借助语言理解、交互、时间控制、语音生成方面的最近技术发展，对人类思维与说话方式进行深度学习与模拟，使其对话听起来真实自然。人们在和它打电话的时候，几乎无法分辨与其对话的是人还是机器，也就是说，这项技术可以被用以伪造通话。

人的深度学习是人的思维，所以机器的深度学习则是人工智能的核心。随着人工智能越来越聪明，越来越接近人类，拟人化会变得更加容易。人工智能在语音识别、图像识别上都取得了一定的成功。而无论是国际还是国内，关于思维融合的探索至今没有形成一套完整成熟的理论和实践，仍然处于起步阶段。随着生物传感器、脑机交互、机器学习等技术的发展成熟，这一融合过程将逐步实现。

## 5.2.3　人机融合的辩证性

随着人工智能技术从感知融合和行为融合阶段不断向思维融合高级阶段发展，待人工智能成为人类自身替代的时候，必将对人类社会带来前所未有的巨大冲击。用辩证的思维方式分析人与机器之间的人机融合关系对于人工智能技术发展具有重要的指导意义。有学者指出，一旦计算机产生与人类相同的进化能力和自我意识，会给人类的生活带来巨大的变化。当机器拥有了自己的思维和意识，拥有了自主的情感，实现了人机的深度融合，它们和人类的冲突便不可避免。

1. 人机融合的正面作用

人工智能技术研究的初衷是为了更好地协助和替代人进行一些烦琐的计算、分析、决策等，并减轻人的脑力劳动强度。为了让智能机器人具有类人般的思考、推理和学习的能力与行为，实现机器对人类思维的模拟，人工智能技术被广泛应用其中，如语音合成与识别、图像识别、语言处理等。如今一台智能设备可以处理的数据样本实际上已经远远超出了人类的处理范畴，并开始取代曾经看起来过于复杂、无法实现自动化的人类工人。最近发展的物联网技术与云计算技术的结合，可以使计算机更加接近人类思维，进行自主性的学习和判断①。例如，最新发展的智能家居产业竞相打造开放互联平台，把智能产品提供给用户的单一、割裂的信息和数据进行整合，通过云端数据交互，实现各智能终端之间的互联互动，搭建智能家居生态，为用户带来更加舒适、便捷和健康的生活。又如，正在快速发展的无人驾驶汽车通过智能技术让汽车进行自主思考并执行目标任务，同时对周围环境的变化有足够的前瞻性判断能力，不仅可以保障系统安全性，还可以通过集中控制来进行交通流量疏导，起到缓解交通拥堵的作用。

未来人工智能发展的终极目标将是人机融合、机器智能，即人工智能发展成为高度智能化的机器，具有独立思考、独立分析的能力，能够突破人类经验由于样本空间大小的限制，通过机器自身的深度学习，模拟人类智能行为去处理在各个领域里所面临的问题，代替人类去完成复杂的脑力劳动。

2. 人机融合的负面影响

人工智能给人们带来挑战与享受的同时，也带来了一定的质疑与威胁。由于人类对自身认识的片面性与局限性，人工智能技术异化现象逐渐以不同形式被呈现出来②。技术的发展都存在两面性，一旦实现人机融合，不仅可以彻底颠覆人类社会，还有可能终结人类社会的文明。

前段时间，网络上流传一段美国前总统奥巴马似乎正在进行演讲的视频。事实上，这段视频是通过对奥巴马的声音和脸部动作合成出来的。这段视频引起了美国国防部高级研究计划局（DARPA）的关注。高级研究计划局特别关注生成对抗式网络（GAN），该技术让机器不再依赖人类，使其拥有类似想象力的能力，但它们也会被利用成为一种造假工具。GAN 系统仅仅需要数百张照片就可以伪造逼真的图像，还可以对真人进行虚构。谷歌公司最新开发的"Duplex"人类语音模拟对话技术，有可能会被犯罪分子用来进行电话诈骗，损害某人的声誉，影响选举，甚至更大的犯罪。

科技的飞速发展可以加速人类文明前进的脚步，但是一旦这些技术被某

---

① 褚秋雯. 从哲学的角度看人工智能 [D]. 武汉：武汉理工大学, 2014.
② 郭沅东. 关于人工智能的哲学思考 [D]. 哈尔滨：哈尔滨理工大学, 2017.

些有心人甚至是恐怖组织利用，将会对整个社会造成毁灭性的打击和威胁。试想，未来的智能化机器人通过植入反人类代码，就可能把战争冲突升级至前所未有的规模；当机器产生自我意识之后，机器人与人对地球的争夺最终会导致战争的爆发，人类将很难控制住局面。浙江大学李恒威教授将人工智能威胁分为生存性威胁、观念性威胁、适应性威胁和工具性威胁四种类型①。其中生存性威胁指的是人工智能技术对人类的威胁，它将主体为人转移到主体为人工智能本身，当人工智能设备具有了独立的思考能力和自主的意志，将有可能超越人类的智慧，与人类意志产生冲突。

任何技术的发明都会产生正反两个方面的影响，都要从辩证的角度去看待。人工智能本身并不存在恶意，但是，当人工智能设备在执行任务的时候，其完成结果与我们预期结果相违背，就会导致我们面临无法逆转的困境。霍金对人工智能技术一直持有警惕态度，认为我们要谨慎研发人工智能技术，彻底开发将有能可能直接导致人类灭亡，成为人类的终结者。由此可见，人工智能技术发展若不加以正确引导，远比核武器更可怕。

3. 人机融合的伦理思考

人工智能是 20 世纪中期产生的一门新型综合性学科，学界对于它的争论和哲学思考从诞生开始一直持续到今天。人工智能技术向着人机融合方向发展，其中伴随着伦理思考：当被我们创造出的智能设备拥有自主意识的时候，是实现人机融合，还是会摆脱人类进而威胁人类？当具有思维融合的机器人被别有用心的人掌握的时候，我们的地球村将面临怎样的灾难？

人类价值观起源于伦理学，而机器的价值观则起源于人类。人与人之间有人道，机与机之间有机道，人与机之间有人机道。知识、数据与信息三者的性质随着主体介入程度的不同而变化。人的学习是通过思考与实践，实践与理论相结合，具有自主选择性且是可以被忘记的，而机器的学习是通过对人类神经网络的仿真与模拟而产生的学习机能，是不会忘记的。人的认知包含生理认知与观念认知，通过生理上与观念上的筛选，选取正确的价值取向。人机融合，首先对人的先验知识和价值取向进行数据筛选与获取，其次进行深度学习与信息反馈，最后将接收与学习到的信息通过有效计算进行思维融合。《人类简史》的作者尤瓦尔·赫拉利认为，随着生物技术和人工智能技术

---

① 李恒威，王昊晟. 人工智能威胁人类还有多远［N］. 社会科学报，2018－1－4（5）.

的发展，人机协同融合将在 21 世纪完全实现，人类未来生活将发生巨大改变。人工智能不仅在体力上让人类获得解放，在智力里面也会让我们拓展，所以我们跟人工智能不应是战争，而应当是有机融合。

随着人工智能商业化的快速推进，人类生活的方方面面会有越来越多的智能系统，目前诸如生物识别、视觉监测等智能技术已经在安保、交通、银行、先进制造等行业得到广泛应用，人机融合逐渐拥有更为广阔的应用前景，成为未来的发展趋势。正如《时代周刊》所说，"当有一天我们不得不与人工智能分享地球的时候，若要与其和平共处，人类在发展人工智能技术的同时，也要对自身进行不断的提高和完善。"在人工智能技术发展尚处于辅助人类解放脑力劳动的初级阶段时候，既要思考其对人类未来可能带来的不利影响，也不可过分顾忌其负面作用而制约当下技术的发展。

当人工智能设备发展成熟，人机融合得以实现，我们应当为人机融合智能设备进行积极的意识引导，建立并完善人机融合机制，赋予智能机器正确的价值观，使其形成符合人类发展的意向性与道德伦理，使人工智能技术得以理性发展与正确应用。人机融合的发展应当是人与机器对人类的思维与认知方式进行交互，二者各司其职，相互促进，协同发展。

## 5.3 人机物三元融合——智能社会的实现

移动互联网的飞速发展，加快了传媒融合环境的形成，特别是新冠肺炎疫情的暴发，更是加速改变了传统的人类社交模式和信息传播模式。人工智能、大数据等信息技术成为流行病学溯源调查和防控疫情的主要技术手段，新型媒介技术的应用与普及使人的主体地位受到了空前的挑战，由此引发了学界对于后疫情时代人机物三者之间关系问题的重新思考。基于大数据的智能化物联网时代的到来，将传统媒介生态系统从全媒体和融媒体阶段进一步向着智媒体阶段发展，对人机物三者之间关系走向的探讨从身体维度、媒介技术哲学维度，逐步转向超前的未来主义视角，媒介的融合也从"物理层面"和"化学层面"，进展到了"基因层面"的变革并继续推进信息传播的进步。麦克卢汉曾指出，技术产生的目的是给人类构建一个新的社会形态，媒介技术的不断革新推动了信息传播的进步①。大数据环境下的各种媒介通过物联网和人工智能技术，实现人与物、物与物的互联，在 AI 眼镜等智能化装备给受众带去视、听、读、聊全新的交互式媒介环境的同时，不断助推传播力的提升；通过数据挖掘和统计分析技术，可以从海量看似杂乱无章的数据中通过筛选和甄别，形成全新的有用信息，借助于云计算等手段实现信息的精准送达和智能化传播。从万物互联到万物智能，智能设备不仅正在逐步代替人们承担越来越多的机械化重复性操作、繁重的数据计算与推理分析等工作，同时人机协同工作的模式也开始应用于教育、医疗、军事、农业等各行各业。

### 5.3.1 智能传播中人机物关系的更迭与演进

人工智能技术被视为是人类智能的物化②，改变了人与机器之间的关系，物联网技术重构了人与物、物与物的关系，人机物三者之间将实现三元融合，人机物协同将是媒介融合的新趋势。在国际人机交互领域，基于手势、语音、视觉等更加直观的人机物交互技术正在不断研发，手势、语音、视觉等在人与人之间最为直观的交流方式，也将会被广泛应用在人与物、人与机器交互通信的过程中。但是，当人们给机器与物赋予智能化的同时，人类可能会面对智能机器与智能物带来的负面影响和伦理隐忧。

1. 人机主从关系在信息传播过程中的更迭

从信息的传播特征来看，传统媒体信息的传播主要依赖人对信息的采集、编辑、整合等步骤生产出内容，并通过广播、电视、报刊、电脑网络等媒介传递给用户。在信息的生产和传播过程中，人是信息生产者，是关键核心环节，媒介仅仅是传送信息的工具。另外，传统媒体传播信息多为定时和滚动方式，错开时间段就无法及时获得相应的资讯，时效性相对较差。同时由于受电视台和电台信息等媒介接收范围的限制，信息无法及时送达到偏远地区，传递到受众的范围有限。

当社会发展进入融媒体时代后，从内容、人力、宣传等方面对诸如报刊

---

① ［加］马歇尔·麦克卢汉. 理解媒介：论人的延伸（增订评注本）［M］. 何道宽译. 南京：译林出版社，2011：20－22.

② 高华、陈红兵. 论人工智能与人类智能之差异［J］. 东北大学学报（社会科学版），2021，23（2）：15－20.

和广播电视等多种传统媒体中的若干雷同或近似的信息进行整合互补、资源通融、宣传互融，从而使单一媒体的竞争力变为多媒体共同的竞争力，达到最佳的宣传效果和获得最大的收益之目的。融媒体作为一种全新的理念和商业运作模式，"数据库"是打通"共融"的关键，需要人们为此去建立针对不同媒体的、具有统一口径的信息内容。此外，受众接受融媒体的资讯主要依赖于人对媒体资讯的需求度，因此在信息内容生产与传播过程中，人依然处于主导地位。

在智能传播时代，作为人工智能和媒介的结合体，智媒体的传播特征体现在信息的生产是基于大数据和 AI 智能算法的自动采集、编辑、整合，根据用户需求的关键词和相关知识背景，生产出信息内容，并借助于智能手机等移动媒介进行信息的实时发布、个性化精准推送和瞬间覆盖上亿受众，以满足人的对于信息内容的需求，不仅时效性极高而且受众范围广泛。智媒体的所有信息内容都是由算法和机器在极短的时间内快速生产、实时发布、精准推送的，这不仅颠覆了传统媒体信息内容生产的方式，而且也使融媒体信息内容生产的方式有了脱胎换骨般的变革。智媒体这种基于算法的信息内容生产的方式极大地提高了现代海量信息内容的生产效率和新闻的时效性，减轻了人工生产劳动强度。在这里，大数据和 AI 智能算法成为关键核心环节，人的地位则降低为从属关系。

当前，随着新冠肺炎疫情在全球的暴发和持续，人机物的关系也在悄然发生一些改变，人们对于人工智能、大数据等信息技术更加依赖，特别是针对流行病学溯源调查和疫情防控，基于大数据人员信息流调已经成为主要技术手段，甚至在一定程度上，人们对流调信息的判断与决策，更加注重和依赖"机和物"，人的主导地位似乎有降低的趋势。然而对于诸如新冠肺炎疫情这样社会影响力巨大事件，人的决策依然关键，因为决策者不可能仅仅依赖大数据的流调等信息做出判断，而是需要通过对不同渠道的信息进行综合考量，才能做出正确的决定。

2. 信息传播模式的智能化演进

智媒体信息传播技术最新发展的突出特征与传统媒体的显著区别在于智媒体能够自动准确地深挖用户的需求，并将所需信息精准、及时地送达到受众手中，从而引导人的行为。现代智媒体技术已经能够基于大数据和应用智能算法系统对众多看似杂乱无章的信息进行自动统计分析和加工，及时准确地跟踪用户的数据，并对数据实时更新，再产生出基于客户行为的客户 POI（point of interest）信息数据推送给用户，从而使得服务和产品的定位更加精准。例如支付宝和淘宝 App 借助于阿里云覆盖之广、累积之深的消费数据，已经实现了针对用户需求的广告精准推送。阿里云甚至可以基于大数据的分析迅速为每一个用户建立起个人喜好、需求、过往行经等个人档案并进行后续行为的准确预测。

信息智能化传播技术发展演进的另一个特征是非中心模式的发散式传播，这与传统媒体的单向、纯内容的传播方式和以传播内容为中心的模式，在传播机制上有着本质上的区别。智能传播时代的信息传播方式由单向演变为双向甚至多向，即可以将信息精准地投送给相关的特定用户，也可以根据用户对内容和信息的反馈结果，及时做出反应，自动修改投递的内容和方式，从而形成信息的"传播—反馈—互动—再传播"一个完整闭环的传播生态链，形成以人为本、以用户需求和喜好为出发点的信息传播新模式，这也是智能传播时代受众接收信息方式的一个重要变革。

媒体与人之间的智能化互动是智能传播又一个最新演进的特色。"淘宝"购物 App、"携程旅行"旅游 App 和"今日头条"新闻 App 等，就是一类典型的能够使媒体与人实现智能化互动的 AI 技术数据系统。此类 App 平台本身并不生产信息和内容，但却依据 AI 计算和投送系统，将有用的信息从海量信息中筛选出来并精准推送给用户。例如，"淘宝"购物 App 针对用户的浏览界面、场景触点、收藏夹或购物车、用户分享与评论等信息，获取用户的喜好并准确搜寻到其他潜在客户群体。相信很多人都有过类似经历：近期查看或搜索过的商品经常被推送到页面首页；通过 App 搜索一趟航班或目的地酒店，便会推送相关地区的酒店、票务及旅游咨询；通过 App 阅读一条养生信息，随后便会经常收到养生产品的广告推送。数据的再利用价值是信息智能化传播的另一个特点。数据有一个独特的现象，即数据越用越值钱，数据经过若干使用、分享后，经过再挖掘分析和分享，就能实现再增值，而且会越用越增值，分享越多价值越高。马云指出：数据时代的核心不是分析数据，而是分享数据。智能传播带来的效应，可以实现信息的精准推送，极大地缩短了信息传播的时效，促进了商家利益的最大化。

信息智能化传播技术的演进和发展，也给人机物的关系带来了重要影响。人们在更加依赖"机与物"带来的海量信息和智能化精准服务的同时，也产生了诸多烦恼和不便。例如令人病诟的大数据"杀熟"现象、令人讨厌的无休止广告推送等，都是信息智能化传播技术发展带给人的副作用。特别是针对新冠肺炎疫情这样全球性大事件，各种爆炸性的信息铺天盖地，良莠不齐，往往给人以误导，甚至基于某一突发事件，通过网络社交媒体的快速传播，相同的数据被机器再挖掘分析和分享，将成为巨大的不确性流言，给社会稳定和决策者的正确决断带来了诸多负面影响。

### 5.3.2 人机物三者在智能传播环境下的辩证关系

在万物皆媒时代，关于智能传播的研究将从"人机合一"拓展到"人物合一"。在技术赋能和人机共生的多元化发展局面下，对人类主体性的探讨逐渐被弱化，人们在技术演化的途径中逐步找到了"人机物共存"的均衡状态，在新兴的技术领域中，智能传播技术突破原有的单纯的技术工具，发掘出人类的价值和意义。

1. 人机物三者之间的矛盾关系

从传统意义上来讲，物是人类认识、利用、改造的对象，物是人类生存和发展的手段，二者成对立关系。而物又分为自然物和人造物，自然物是指大自然创造出来的物质，人造物指的是人类创造出来的产物。人造物是依托于人类精神对物质的能动作用而进化的，人和精神是创造世界的根源。

技术的飞速发展使人机物三者之间的关系逐步发生变化。物联网技术是基于"物"的本质属性，核心是感知，强调技术为"物"提供更高层次的服务。如果将人类意识上传至机器并"植入"物体，万物便成了意识体。当作为智能化的物具有了人类的意识与精神，那么这个意识体或曰智能化物应该被归结为人还是物？物联网技术可能会带来三种异化：淡化人的主体性、加重社会心理隐患、加大信息管控难度。人类的创造和发明旨在造福自身，但技术具有二重性和自主性，一旦产生就未必受制于创新发明之人。正如德国哲学家海德格尔认为，作为主体的"人"，在技术时代里有被技术奴役的危险，人的行动被技术所束缚和支配，而不是人在控制技术。当人类成为技术的对象被操控时，就产生了一种新的异化和统治。物联网作为一种技术，无孔不入地渗透到了人类物质和精神生活的方方面面，在物联网的传播网络系统中，人作为主体的个体不过是其中的一个节点，如同汽车、各类家电一样，成为物联网络中一个个被"物化"的实体，"我"仅仅是信息流中的一些数据，由此淡化了人在客观世界的主体地位。

媒介作为信息传播过程中最为重要的工具，其发展过程是基于技术与社会的相互作用。技术的每一次迭代更新，都促进了媒介形态的不断变迁，带来了传播场景的革新和信息传播质量与效率的提升，进而引发社会结构、人际交往方式以及认知模式等多方面的变革①。电话时代的"连线"促使人与人的关系更加紧密，当信息传播从口语、文字转向更多的视频表达时，将显著影响人们对世界的观察与思考的偏好。而智能手机时代的"低头族"现象则将人与人分割，使得人类重新部落化。

2. 人机物三者之间的依赖关系

当物联网技术发展成熟、人机物三元融合得以实现时，会极大提高人类的认知能力，这是一场人类身份、情感、灵性和自我意识的变革，更是人机物三者之间的关系变革。物联网可以实现人与人、物与物、人与物之间对于信息的获取、储存、传递、使用等，满足个人与社会的需求。物联网的技术特性主要包括全面感知、可靠传送和智能处理三个层面。全面感知是核心，主要依靠传感器透彻和完整地感知物质世界。可靠传送主要依托移动互联网和云计算，实现信息的即时传递。智能处理主要利用大数据、模式识别等技术，对物质状态做出智慧回应，从而真正实现人与人、人与物、物与物的对话。

在社会不断向智能化发展的进程中，"人"作为主体，"机"与"物"作为客体，三者的关系可以相互转化。"人"的知识作为主体的内容，可以物化为计算机客体的知识含量，"物"客体的变化发展又将推动"人"这个主体认知能力的发展，使人的认知内容和水平发生重大提升。在讨论智能传播时代人机物三者之间的关系时，需要关注人对于传播技术的依赖性和人的决策行为问题。一方面，基于大数据精准推送的信息，会让人"上瘾"且一发不可收拾。德国著名的社会学家和哲学家韦伯认为，人是建立在自我编织的意义和关系之网中的动物②。当物的强大超越了关系的意义，作为人的传播者就将更多地依赖于技术，则人与人之间的关系必将被由技术系统定义的人与物

① 喻国明，杨雅. 5G 时代：未来传播中"人—机"关系的模式重构 [J]. 新闻与传播评论，2020，73（1）：5-10.

② Clifford Geertz. The Interpretation of Cultures [M]. New York：Basic Books，1977.

之间的关系所超越。另一方面，技术对于人的心理、行为的影响将影响人的决策和行为。随着智媒体技术对信息近乎实时的精准信息推送与获取，人们的决策时间大为缩短，但也使人的决策自主性面临被机器算法取代的威胁①。

随着技术的不断发展，人与物的关系，已经开始从人使用、驱使、命令"物"，向着人与物成为伙伴的关系进化。然而，当智能化的"物"一旦超越了人的智能后，就会发生失控。维纳曾多次提醒人们："当人类在使用有理智机器之前，自己应当表现出更大的理智和才能，如果要求机器有理智，就应该要求自己更有理智。"② 对于智能和智慧型"物"的发展应当适度和可控，对智能化的"物"的数量、质量以及发展速度加以必要的限制，坚持人是机器主人、机器是人的工具理念，要防止具有超越人类辩证思维能力和行为能力的高度智能化机器人对人类的伤害，即反对机器人使人"非人化"③。同时，对于物和机器智能所存在的任何错误也要及时修正，并对其各种功能所产生的后果做出预判。

3. 人机物互联互通的伦理隐忧

科技的发展对于人类社会是一把"双刃剑"，带来便捷的同时也带来了一定的困扰。人类让机器智能化并实现互联互通的初衷是让机器更好地服务于人类，扩展人类的机体功能，解决人类诸如身体缺陷行动困难、感知可达性弱、认知受限等自身差异化带来问题。然而在智媒体发展的过程中，由于不同利益集团逐利目的等，出现人的认知、感知，甚至行为均受到智媒体信息不同程度绑架的异化现象，甚至引发伦理问题。

以往人们对于大数据和网络技术引发的伦理问题讨论更多地集中在隐私、盗版、色情、网络保护等方面。在智能传播时代，随着人工智能技术不断发展成熟，将会因机器和物被赋予更高智能后进一步产生数据的异化新问题。在网络销售中一些商家钻法律的空子屡屡出现"杀熟"现象和过度的网络营销和广告等信息推送等，就是一种典型的数据异化现象和对大数据的滥用表现。过于泛滥的数据挖掘产生的上述问题，严重干扰了人们正常的生活，带坏了社会风气，人机物的这种互联互通给社会带来了诸多的负面影响。

---

① 赵渊. 人机关系与信息传播变革 [J]. 现代传播（中国传媒大学学报），2019（6）：150 – 154.

② ［美］诺伯特·维纳. 控制论——关于在动物和机器中控制和通讯的科学 [M]. 郝季仁译. 北京：科学出版社，2009.

③ 林德宏. 评人的"非人化"——一种现代技术机械论 [J]. 自然辩证法研究，1999（3）：23 – 27.

大数据技术作为新闻报道主题和新闻材料收集工具在新闻行业中的广泛应用亦使得数据伦理问题愈发明显。奥利维亚·瓦利·温特（Olivia Varley - Winter）和赫坦·沙阿（Hetan Shah）等多位学者均提出了大数据应用与公众信任的关系问题，认为大数据在应用过程中如数据接入、数据保护等环节中，如果处理不当便会引起公众的误解，进而产生伦理争议①。美国学者科德·戴维斯对数字和网络技术引发的伦理问题进行了阐述与分析，批判地审视了大数据、云计算等新媒介技术对人与社会带来的诸如环境恶化、能源压力、隐私安全、就业等方面的冲击②。

随着5G大带宽、高速率的优势崛起，视频表达方式逐渐成为关键性社会表达的语言形态，此时若网络信息监管缺失或不利，以自媒体形式不断上传的信息中不可避免地会夹杂大量私利驱动下的非逻辑和非理性内容，由此将对社会产生重大的负面影响，特别是面对突发社会舆情时，这些非逻辑和非理性内容必将给社会性和主流性的人机传播与危机传播带来巨大的风险隐忧。面对如此繁杂的多场景性因素和话语方式的改变，无论是代表国家意志的主流价值观的传播还是社会对突发社会舆情共识的形成，都将面临诸多亟待解决的新问题。

智能技术引发的数据安全问题是需要从国家层面重点考虑的大是大非问题。阿里云已经成为有史以来最为强大的情报搜集和分析系统，通过大数据挖掘可以轻易建立起任何一个人的全生命周期档案，极易分析建立起一个国家的各种资源流转及节点图，甚至国家的战略资源流转图及其薄弱环节分布图，这将给国家安全带来极大的隐患。由于此类数据公司多是跨国的股份制公司，需要从确保国家的数据安全和国家战略发展的角度，加速进行相关制度和法规的建设，防范智能技术引发的数据异化和伦理隐忧风险。

### 5.3.3　智能传播中人机物三元融合关系的构建

可以预见，未来社会将会是人类与智能机器人共存的社会，智能化将会

---

① O Varley - Winter, H Shah. The opportunities and ethics of big data: practical priorities for a national council of data ethics [J]. Philosophical Transactions of the Royal Society A Mathematical Physical and Engineering Sciences, 2016 (12), 374 (2083).

② ［美］科德·戴维斯. 大数据伦理：平衡风险与创新 [M]. 赵亮译. 沈阳：东北大学出版社，2016.

给人类生活带来翻天覆地的变化。在未来的万物互联时代，每个物体都具有独立的 IP，通过 5G 网络和传感器实现定位、交流、数据交互与协同工作。世间万物都会跨越时间与空间的界限相互连接在一起，城市生活包括交通、安防、教育、旅游等各个方面都会变得更加智能。人、机、物三者之间相互融合、叠加、相互作用，进行新的演绎，最终将构成"万物感知"的智能社会。

1. 人机物互联互通的模式

从人类发展的历史进程来看，人类智能与机器智能是相互促进、相互弥补的。人机物互联互通的关系实际上是一个由人类智能向机器智能动态迁移的过程①。两种智能的协同共进是实现智能社会的首要条件，是推进智能社会发展最强大的动力。从数字化、信息化到网络化，智媒体技术促进了信息传播技术的新进展。物联网使物被赋予"内容"，通过人与人、人与物、物与物的交流中生产"内容"，具有全面感知、互通互联、智能处理的特征。

智能传播时代信息的产生依赖大数据的归纳与智能化算法、逻辑推理和分析演绎。在智能技术的推动下，人类社会中的人与人、人与机器、物与物以及虚实空间，借助智媒体产生的信息资源和万物互联、虚实交融的景象，将整合为一个以人为中心的人机物三元融合有机整体和新社会形态，人机物之间原有的连接模式和界线将被重新整合。在这个新型社会形态中，人类的初心是要建立一个人人都能成为中心信息节点的系统，基于个人兴趣组织和利用信息资源，为其在生活的各个方面得到更加精准、优质的服务②。借助于信息技术、大数据技术和生命技术的发展，人类器官功能的"增强"成为可能。智能技术的发展，将逐渐填补"机器"和"物"之间的传统鸿沟，从而使人能够更好地利用机的功能，机中拥有人类的智慧，借助于网络和大数据使人机物实现互联互通。

在智能传播过程中，人机物的互联互通包含两层含义：其中一层含义是人、机作为两个独立的系统，如何协作与分工的问题；另一层含义是人与机在协同的过程中如何共同进化发展的问题。机器一开始作为人的帮手而诞生，机器的智能是基于人的赋予。随着人工智能算法的不断精进，人与机要想实

① 刘步清. 人机协同系统的哲学研究 [M]. 北京：光明日报出版社，2019.
② 潘教峰. 新科技革命与三元融合社会——关于雄安新区建设的宏观思考 [J]. 中国科学院院刊，2017，32（11）：1177–1184.

现融合并互联互通，就必须共同进化发展，包括双方各自不断从自身和对方经验中学习、不断根据对方的状态调整自己的状态，不断优化人机系统配置，从而达到最优化人机融合状态①。进一步发展的物联网和智能媒介技术借助于现代 AI 等技术不仅将现实生活中的物理空间通过编码方式使之成为虚拟空间，同时将人与物亦通过编码使之成为技术空间，由此建立起人与物的互通互联关系，进而将人的意识和观点也导入机器中，而人的意向性也被传递到机器中，形成一种人机共生和共进的互联互通新模式。

2. 人机物主客体关系的转化与重构

在人机物智能化传播的关系层面上，虽然由技术介质与其所构建的传播界面所形成的传播主体是主角，但是人机传播的主体本质上依然是人，所以我们还是需要考虑传播主体与技术主体的关系，以及以媒介技术为中介的人与人之间的关系。在社会不断向智能化发展的进程中，"人"的知识作为主体的内容，可以物化为计算机客体的知识含量，"机"客体的变化发展又将推动"人"这个主体认知能力的发展，使人的认知内容和水平发生重大提升。

智能传播时代，万物互联技术将"人"与"物"都共植在其所建构的有机数字生态系统中，信息的传递从单纯传统的播音和视频影像，发展到听觉与视觉多种感觉器官组合的并借助智能手机实时精准推送的智媒体生态，同时信息的表达也越发人性化。这种信息的实时精准推送模式不断影响和改变着人们的认知偏好、思考方式，同时又以一种技术无意识的形式进一步影响传播的内容，进而改变受众的行为模式，促使人机物的互联上升到生理级和心理级的互联互通，最终引发人机传播的主体和客体革命性的重构。

喻国明教授认为，传播的主客体关系是人机传播研究的重要议题，传播主体和媒介技术主体应成为"共同主体"，相互协调、共同行动②。因此，在未来的智能化社会中，不能把主体和客体的关系简单理解为客体拥有了主体的部分智能而制约主体，要坚持以人为本、以物为用的原则。

3. 人机物和谐发展的途径

人机物三元融合智能是一种不同于人的智能、不同于人工智能的跨越物

---

① 别君华. 智媒传播中的人机融合关系及其实践维度 [J]. 现代传播（中国传媒大学学报），2019（11）：32 – 36.

② 喻国明，杨雅. 5G 时代：未来传播中"人—机"关系的模式重构 [J]. 新闻与传播评论，2020，73（1）：5 – 10.

种属性的新型智能科学体系。当智媒体技术发展到一定阶段，让大数据辅助人类完成信息海量检索、统计分析等工作是一种必然的趋势。通过让机器具备人类智能的能力，替代人类减少一部分劳动，会让人类拥有更大的空间来发展自己，这也是人类智能高度发展的体现①。基于大数据和智能手机的讯息精准推送，极大地减少了人们在信息海洋中寻求有用信息的时间和成本；网购的繁荣给人们的生活带来了极大的便利；抖音和自媒体的发展，极大地丰富了人们精神生活，满足了人们不断增长的感官需求。

然而技术的二重性决定了其可能存在的诸多负面影响和伦理困境。李伦教授从数据伦理、算法伦理、人工智能伦理、共享伦理与媒介伦理等五个层面展开了深入探讨，指出了数据开放和共享是大数据时代的内在要求，但是由于各种技术力量的渗透和利益的驱使，使得在数据收集、存储、开发和应用等环节中引发了一系列伦理问题②。针对上述问题，王前教授从机体哲学的视角提出了解决重大社会现实问题的新思路和途径，认为当代高新技术发展的一个重要特点就是技术发展的主要目标逐渐由征服外在的自然界转向改善人类自身的生理、心理和生活质量③。机器不能在真正意义上完全取代人类做出道德选择，我们应当善于利用伦理机器为人类社会的发展提供良性辅助，同时也要警惕伦理机器的"副作用"，慎重考虑机器中的道德属性该以何为底线。

随着计算机的存储、分析、推理算法能力的大幅提升，在推动媒体智能化发展的同时，数据异化所带来的问题将会日趋凸显，与大数据使用和个人隐私相关的道德问题面临更大的挑战，也意味着亟待从技术、哲学、道德等不同的层面对数据异化问题进行有序的思考和研究。智能技术的发展应当以助人为本，不应当成为绑架人类感知和认知的帮凶。通过对智媒体利用大数据的算法技术进行伦理审核，从技术伦理和哲学层面建立相应的法规，健全个人信用信息保护体系，提升个人信息保护的立法层级④。从政策和道德的层

① 高慧琳，郑保章. 基于麦克卢汉媒介本体性的人机融合分析 [J]. 自然辩证法研究，2019（1），35（1）：27－32.

② 李伦. 数据伦理与算法伦理 [M]. 北京：科学出版社，2019.

③ 王前. 机体哲学论纲 [J]. 大连理工大学学报（社会科学版），2014（7）：1－5.

④ 吴旭莉. 大数据时代的个人信用信息保护——以个人征信制度的完善为契机 [J]. 厦门大学学报（哲学社会科学版），2019（1）：161－172.

面提出解决问题的策略，规范技术的发展方向，努力消减智能传播过程中的异化现象和伦理冲突是十分必要的。

社会智能化发展由数据驱动，数据依附智能实现价值，而智能依靠智媒体和数据体现智能。未来万物互联的实现，将会使数据成为新时代下的重要产能资源。以物联网为核心的智媒体信息将给人们的工作、生产、生活方式等带来变革性变化。人工智能和大数据技术日趋完善，人们更加依赖其自动化的统计和推理能力，但是对于诸如疫情等重大社会事件变化趋势的判断，依然需要作为决策者的人对各种不同渠道的信息进行综合分析才能做出正确的决策，因此在人机物的关系中，人依然处于主要地位，机和物只是提供人决策的重要技术手段。由人发明的机器必将作为人的辅助者和共同体而非对立体协同发展。人工智能和大数据技术的发展，使得人类更多地依赖机器高度的智能算法对诸多繁杂的信息进行统计和归纳，为人的决策提供依据，实现人与物、人与人之间的实时互联。未来物联网技术与传媒领域的深度耦合，则将进一步从二元的"人—机"模式走向人机物一体化的"社会—物理—信息"三元融合新模式。

目前，大数据和人工智能的发展已经上升至国家发展战略，我国对于大数据、物联网和人工智能的发展给予了高度关注，"实施国家大数据战略"是国家"十四五"规划纲要和国民经济重点建设发展的一项重要任务。通过深入分析和探讨人机物三元融合智能社会可能引发的哲学和社会问题，提出具有普适性的人机物和谐发展思路，对于促进后疫情时代智能社会的建设与健康发展具有重要的启示作用。

# 6 智媒时代背景下对麦克卢汉媒介观的再探

麦克卢汉是 20 世纪 60 年代声名大噪的最富争议的思想家之一，他在 20 世纪 90 年代被重新看作 "IT 时代的先知"。媒介技术的巨大变革复兴了针对麦克卢汉媒介观的争论，他意识到时代即将变革的本质，新媒介使异常成为常规。今天，他关于 "媒介是人的延伸" "媒介即讯息" "地球村" 和 "冷媒介与热媒介" 的观点，也被运用到虚拟现实、大数据、物联网、人工智能等新媒介技术对人的认知、行为和社会诸方面影响的研究话语之中。

## 6.1 从 "万物皆媒" 到 "媒融万物"：重新审视麦克卢汉媒介观

麦克卢汉的媒介观经历了从大肆风靡到转瞬没落，从盲目吹捧到刻意抨击，再到复兴回归的曲折的发展历程，媒介技术的不断革新使学界对于麦克卢汉媒介观产生了新的认识。在智能媒介深度融合的今天，眼中所见、耳中所听、脑中所想都需要多样化的媒介来呈现。在全媒体时代，结合虚拟现实、物联网、大数据、人工智能等新兴媒介技术，从技术哲学角度对麦克卢汉媒介观进行重新审视，不仅可以更加客观的理解和评价麦克卢汉媒介观，而且对于促进新媒介技术的健康发展具有重要的现实意义。

### 6.1.1 从虚拟现实技术再看 "媒介延伸论"

"媒介延伸论" 是麦克卢汉最广义的媒介观，他从 "媒介是人的延伸" 的角度来考察媒介，对媒介技术的发展做出了一种极为宽泛的理解。技术最初是人的延伸，当潜意识发生逆转，使用者成为技术的延伸，并且把技术看作自身的一部分。麦克卢汉认为不同时代的技术对人进行了不同的延伸，机械技术在空间上延伸了人类肢体，电力技术延伸了人类中枢神经系统，他将其称为"全球拥抱，消除空间差异和时间差异"①。从这一层面上说，人体的延伸使得时空差异在很大程度上被消除，观看、使用或感知任何技术形式的延伸时，我们必然要拥抱它。

麦克卢汉为了研究媒介和技术的影响，提出"媒介四定律"（LOM）。包括：技术提升人类某种功能或延伸；使以前用于完成某种功能的媒介或技术过时；再现某种旧的形式，赋予人类掌握自然的力量；推进到一定程度便逆转为一种补足的形式。这四条定律不仅适用于以前的人造物，对虚拟现实技术同样有效，将现实逆转为非现实和超现实，使人成为自己技术的延伸。作为媒介，虚拟现实主要体现在延伸和再现两个维度。虚拟现实技术可以再现真实世界并维持原始媒介时空延伸的能力，它强调"沉浸感"和"在场感"，使用户远离人工环境的真实空间，而进入一种人类潜意识中对自然的回归和向往的状态。当完全沉浸得以实现，意味着虚拟现实技术带领人类迈入了人体延伸的最后阶段，即意识延伸。在技术上对意识进行模拟，更具创造性的认识会在广度和深度上都得到延伸，意识延伸将渗透到社会生活的各个领域，人类感知也会在各个层面得到整体上的延伸②。虚拟现实技术正在朝向最后一个阶段发展，虚拟现实的再现方式进一步接近人性，再现内容进一步接近真实世界，而它对人的延伸是对人体所有感官的全面延伸，找回人类在前技术时代中的感官平衡③。

一个完整的虚拟现实是集人的视、听、触、嗅、味五官知觉于一体的媒介，当人们全身心投入该虚拟逼真的环境中，可以身临其境地感受虚拟环境提供的任何存在于世界上或想象中的任何角落的"存在"。从报纸杂志到广播电视，再到智能手机和虚拟现实，媒介与人的关系从相对独立到彼此融合，关系被不断拉近和日趋紧密，感受到的世界范围被日益拓宽，人类的感官由此得到了极大的延伸。新媒介技术打破了人的感官平衡，带来的是一个带有

---

① McLuhan, M. Understanding Media: The Extensions of Men［M］. New York: McGraw - Hill Book Company, 1964: 3.

② 吕倩，陈嘉祺. 连接一切——媒介是人的延伸［J］. 新闻传播，2016（3）：103 - 105.

③ 贺洪花，黄学建. "再现"和"延伸"——媒介进化论视角下的虚拟现实［J］. 中国新闻传播研究，2016（12）：23 - 30.

个人主义色彩的、专门化的、强烈分割的新环境。正如麦克卢汉所言："机械技术使人体的功能得以延伸和分离，令人与自身失去接触，使之近乎分崩离析。[①]"麦克卢汉认为，处于电子世界的人类是属于麻木状态的。那么处于虚拟现实中的人其麻木状态是否会被进一步强化？新媒介的延伸功能使得广袤的世界变成了人人皆可互通互联的"地球村"，而虚拟现实技术又在真实世界之外延伸出一个更无边际的"真实空间"[②]。麦克卢汉提醒人们：既要看到新媒介带来的新变化积极方面的效果，也应看到由此可能出现的危机。对此，麦克卢汉预见性地提出解决策略，即努力提升遇见和控制媒介的能力，就是避免潜在的自恋昏迷状态。因此，我们在利用虚拟现实获得更加舒适方便的生活时，也应清醒地与其保持距离，提高警惕。

麦克卢汉的"媒介延伸论"是从人的生物性角度将媒介技术与人体器官相连，这里的媒介不再是"影子"式的存在，而是从人体延伸而来的一种非肉质的"新器官"。媒介在延伸人体之后，便成为人的一部分，这部分独立于人而存在。媒介延伸了人，随后人在此基础上研发出新的媒介，延伸作为人类自身一部分或者全部的延伸[③]。由此可见，未来媒介的发展趋势是对现有媒介进行延伸的基础上进一步发展自己。麦克卢汉早已指出，媒介是具有生命力的能量旋风。媒介作为改变时代和划分时代的标志而存在，媒介技术作为一种革命力量改变和颠覆人类生活。

### 6.1.2 从大数据技术再看"媒介讯息论"

"媒介即讯息"是麦克卢汉对传播媒介在人类社会发展中的地位和作用的一种高度概括。麦克卢汉从宏观角度阐述了媒介的作用，"媒介讯息论"使我们对媒介的考察从单一视角转向多维视角。对于人类社会来说，真正有价值、有意义的"讯息"是传播工具的性质以及对社会带来的变革。

每一个时代新媒介的出现，便会产生有价值、有意义、有内容的变革信息，给社会及人类的思维方式带来极大的影响。也就是说，每个时代媒介传

---

[①] ［加］马歇尔·麦克卢汉. 理解媒介：论人的延伸（增订评注本）［M］. 何道宽译. 南京：译林出版社，2011：33，129.

[②] 郝雨，安盡. 再论"媒介的延伸"与"媒介功能的延伸"［J］. 当代传播，2009（2）：17-21.

[③] 高慧琳，郑保章. 虚拟现实技术对受众认知影响的哲学思考［J］，东北大学学报（社会科学版），2017（11），19（6）：564-570.

递的内容都是根据每个时代的传播工具而产生的，人类只有通过媒介才能从事与之相适应的社会活动和传播活动。麦克卢汉理论在那个没有互联网的时代被看作是不切实际的奇谈怪论，然而到了 21 世纪，人类社会迈入移动互联网时代，"媒介即讯息"这个在当时看似荒谬的定义逐步得到了印证。随着互联网技术的兴起，并逐渐发展成为第五大媒介，媒介的形态发生了巨大的变化，形态逐渐呈现出碎片化状态，讯息也以一种讯息流的状态，通过跨媒体双向互动的形式，呈现出多元且统一的状态。媒介形态的碎片化，割裂了接触讯息的场景、时间和关系。2007 年，苹果公司新一代智能手机 iPhone 4 发布，智能手机业态走向成熟，标志着以手机 App 为核心的移动互联网时代的到来。随着平板电脑、手机、车载系统、智能穿戴设备等各种媒介实现多屏双向互动，媒介不再孤立，讯息也不再孤立，讯息通过智能手机个人网络账号被有机地连接在一起，又通过流动不断创造新的讯息。

随着大数据技术的兴起，人类社会迎来了信息社会和智能社会。快速发展的移动互联网催生了各式各样新型媒介形式，无论是大数据的精准传播、自媒体的社群经济，还是多屏互动的融媒体趋势，都印证了麦克卢汉"媒介即讯息"的超前理论。在大数据时代，数据呈现爆炸式增长，媒介需要被重新认识和界定，媒介该如何发展也逐渐得到重视①。随着新媒介技术的蓬勃兴起，大数据使用的媒介或者说形式也越来越多，用户的行为、语言、爱好等都会通过大数据技术留下印记。在大数据时代，数据就是讯息，世界万物都可以转化为数据。数据、技术、思维呈三足鼎立之势，实现了人对人、物对人的传播。

"媒介即讯息"的提出，强调了媒介技术的历史作用，开拓了以媒介技术出发考察人类社会发展的新视角。每一种媒介的出现都会产生有价值、有意义、有内容的变革信息，人的能力获得一次新的延伸，从而带来传播内容（讯息）的变化，对社会及人类的思维方式产生极大的影响。报纸时代的深度报道挖掘了人们的批判精神；电视时代的视觉化和娱乐化降低了人们的思考能力；互联网时代的信息爆炸和丰富多样使得人们思考问题碎片化、多元化，深度思维能力下降。在新媒介交互发展的时代下，"媒介即讯息"更加清晰地显示出科技进步与社会文明的程度，也更加说明了媒介技术的运用比媒介所

① 孔萧曼. 用麦克卢汉的观点浅析大数据时代 [J]. 新闻研究导刊, 2016（4）: 89.

承载的内容对人类生活的影响更深刻、更彻底。麦克卢汉的观点使我们研究媒介的思维方式从平面思维发展到立体思维，从片面思维发展到全面思维，从微观思维发展到宏观思维。这种思维方式的转变有助于科学地揭示个体心理变化和社会变化成因，为制定更加客观、准确的问题解决方法提供理论依据。

### 6.1.3 从物联网技术再看"地球村"预言

麦克卢汉关于传播媒介的分析对当代人尤其是青年人的观念产生了深远的影响，他提出的"地球村"预言，也开始发挥着重大作用。5G 技术的正式商用推进了物联网技术的发展，使万物互联成为可能，这标志着他所说的"地球村"在今天的社会已经变成了现实。然而，基于现代互联网技术形成的"地球村"是否真如麦克卢汉所预言的那么美好？如何消减信息霸权与电子殖民霸权的负面影响是技术发展过程中必须思考和解决的问题。

1.5G 物联网时代的"地球村"

新媒介技术通过提高生产力催生新的产业价值，提高社会的生产效率。5G 技术使讯息可以毫无延时的到达智能手机中，视频画面可以一帧一帧的传输到国外，既不失真也不卡顿，虚拟现实加上 5G 可以让我们拥有更加极致的视觉体验。5G 已经发展成为世间万物进入数字世界的入口，开启了一个万物感知、互联、智联的智能世界。未来的无人驾驶汽车通过网络协同行驶，能够最大限度地解决堵车和交通事故的难题；快递可以通过无人机快速送货到家；盲人借助辅助设备能够像正常人一样感知外界和出行生活；手表、智能家电、停车场等基础设施均可连成一体。人类交往的距离被大幅度的缩短，使地球变成地球村，使人们更加互联，人与人之间的联系与沟通更加便捷、顺畅和及时。

在麦克卢汉所处的电子传播时代，他所描绘的"地球村"是人人可以相互沟通，各个群体相互依存、相互影响与处所。在"地球村"里，我们面对的是全体人类的共同责任，"地球村"模糊了时间与空间的概念，民族与国家之间都不再受到物理距离的制约，基于 5G 技术的物联网将带领我们迈入真正的"地球村"。

2."地球村"带来的技术异化

麦克卢汉对"地球村"充满美好愿景，他向往世界大同，人类整体合一。

然而当原来友谊和亲情的情感纽带被无数个物体的连接迅速弱化乃至取代后，这一切真的是人们想要的吗？现实社会却并未完全如他所愿，"地球村"的形成可能导致技术产生异化。

首先，个人信息面临泄露风险。当我们运用各种电子媒介进行沟通、交流甚至游戏的时候，我们使用记录、地理定位等个人信息都在某一个地方被实时监控。其次，信息鸿沟难以填补。由于社会经济差异与文化差异等原因，人们利用媒介的机会是不均等的，但是若要实现重归部落化的大同世界，处在"地球村"中的人应当拥有均等的被媒介技术影响的机会。再次，发达国家信息霸权与电子殖民。由于某些发展中国家的信息技术与信息资源相对落后，因此必须依附于其他发达国家，信息霸权与电子殖民主义的危害成为地球村形成过程中的绊脚石。最后，语言文化差异无法得到解决。由于文化背景差异，语言沟通不流畅，在互联网构建的虚拟世界里，各个种族拥有属于他们的交流圈，本国媒体成为人们获取信息的主要渠道，无法直接沟通导致隔阂与误解越来越多。

麦克卢汉所说的"地球村"，并非是指发达的传媒使地球在几何变小，而是指人们在衣食住行、文化形态等方面的变革。便利发达的交通工具使地球上分散的"村落"紧密相连和都市化，现代化的即时通信方式无形中阻断了人与人的直接和口语化的交往。而电子媒介中个人对个人在网络中点对点的交往特性，某种程度上又起到了消解城市的集权和使社会"重新村落化"，即反都市化的作用。麦克卢汉单纯从技术的角度描绘了一幅美好的"地球村"终极世界的神话，但是有些论断却忽略了实现"大同世界"的一个前提，即受众与媒介接触和相处的时间以及被媒介技术影响的程度。看似和谐的"地球村"中仍然存在诸多阻碍世界大同的因素，这显然超出了媒体技术理论的范畴。

### 6.1.4　从人工智能技术再看"冷热媒介论"

麦克卢汉一直是一个饱受争议的人物，在所有对他的抨击中，最为集中的就是关于冷、热媒介的划分标准。一些学者认为将媒介依照物理学上的冷与热进行划分缺乏科学性与严谨性，与我们对媒介的真实感知情况相矛盾。当智能社会逐渐形成，媒介技术发生革命性变化的今天，技术的边界正在崩溃，新的媒介分类迅速击溃了简单的物理划分方式，媒介划分的依据不再仅仅是技术导致了直接信息密度结果，而同时囊括了非物质性的软环境要素。虽然"冷热媒介论"是学术界否定倾向较强烈的论点，但同时也是非常有影响力的观点。

1. "冷"与"热"划分的本质

"冷热媒介论"强调的是媒介自身的内部关系，被视为最纯粹的"媒介的本体分析"①。将媒介划分为冷与热的本质意义在于揭示了不同媒介作用于人体感官的延伸和调动亦不同，进而对社会文化产生影响，促进了社会的变迁。从物理学的角度来理解，热量的传递是自然界中普遍存在的现象，热的物体与冷的物体之间存在着温度差，当两个物体靠近，温度差的存在便会引发热量传递②。由此来看，决定媒介的冷与热并不是媒介本身，而是取决于受众的接受程度。人工智能、虚拟现实等新媒介技术的诞生模糊了冷热媒介的划分界限，新媒介在为人们提供信息的同时，也消解了人们处理信息与思考问题的能力。虽然图片、动图、音频、视频等大量浅层直观的传播信息可以大大缩短受众停留在单个信息上的时间，减少了传统文字传播方式需要受众编码解码、深入思考的时间，但是海量的数据与信息轰炸依然会令受众出现焦虑、急切的状态。此外，新媒介传播的高参与度和高互动性的特征，并不意味着受众有效参与度的提高，普通人的发声很可能被海量资讯所淹没。任何一种新媒介形态的出现，都有一个逐渐升温的发展过程，热到一定程度，便会对旧的媒介形态产生影响与冲击，这时便会产生阻碍性因素对其进行降温。

2. "冷"与"热"的融合

依据麦克卢汉媒介观，只要能够其作为一种感官体验或者思想表现而使人体实现其延伸，它就是媒介。人工智能尽管不是传统承载信息和传递信息的媒介，但它具有模拟、延伸、扩展人类智能的功能，因而也可以在一定意义上也被视作一种媒介。在信息时代与智能时代，网络技术和数字技术发展成熟，人工智能作为一种新媒介，融合了以往所有媒介的性质和功能，显示出与以往所有媒介不同的特点，使得媒介的性质发生了转化。从利用人工智能技术获取信息的清晰度来看，它是"热"的；然而，从人的思维与感官全

---

① 胡易容. 数字化语境下影视媒介硬件边缘的坍塌——麦克卢汉的"冷、热"媒介观的再审视 [J]. 电影评介, 2007 (4): 58-60.

② 贾凤翔. 麦克卢汉与信息时代 [D]. 长春: 吉林大学, 2012: 16-17.

身心地与机器融合的角度上来看，它又是"冷"的。显然用绝对、静止这样单一片面的视觉评判新媒介的冷与热、衡量复杂多样的现实是不全面的。基于大数据和云计算技术对各类数据进行采集、整合与分析，使人们获取信息的手段、方式和形式多样化，呈献给受众的讯息将更加直观、全面。人工智能技术提高了用户的参与度，并与当下生产生活高度融合，同时强化对异类群体的包容性。由此可见，新媒介技术的高参与、深渗透、强包容的性质已经区别于机械时代的冷媒介，它是所有媒介形态融合的产物，不仅具有"冷"的特点，还在某些方面体现出了一些"热"的性质。也就是说，互联网、虚拟现实、人工智能等新媒介技术在本质上依然可以称作冷媒介，同时又具有对自身包容性与参与度的消解①。这种冷热交融、相互渗透的"媒介杂交"形式并不是原始意义上的冷媒介，而是具备一些热特点的冷媒介。

麦克卢汉有关媒介概念和论断从多个不同的角度预言了"万物皆媒"的网络社会，其"媒介是人的延伸"理论为互联网技术和物联网技术的发展提供了前瞻性与阐释力的理论框架，其理论建构新颖、独特，对人类的交往方式产生了深远的影响。但是，作为一位技术自然主义者，麦克卢汉将媒介的外延和作用无限扩大，忽略各种复杂的社会因素的作用，视媒介技术为决定社会发展和变革的唯一因素，亦存在一定的片面性。事实上，麦克卢汉只是没有遵循主流的研究方法对媒介的划分进行严谨界定。尽管其"冷热媒介论"有不清晰、不严谨的地方，但是它的积极意义仍然不可忽视。他为我们提供了一个全新的视角来认识媒介，媒介的冷与热是从人与媒介的互动关系角度对媒介进行界定的，通过信息清晰度与受众参与度的视角分析媒介，有助于我们更加清晰地理解所有的媒介形态，掌握媒介技术发展规律，对媒介发展趋势进行有效预测。

## 6.2　媒介技术革新重构人与社会的关系

媒介技术的不断革新对人与社会的改变是潜移默化的，从刚开始的无法接受，到现在的无法离开，人们的生活、学习、休闲娱乐等都围绕"数字"

---

① 杨露. 新媒体环境下对冷热媒介的再思考 [J]. 中国报业，2016 (3)：21-22.

和"智能"展开。虚拟现实、云计算、大数据、物联网、人工智能等新兴技术的飞速发展让人类社会逐步迈入智能化的社交媒介时代。基于新媒介技术的对话性、开放性等特点，人在传播过程中的地位和作用逐渐凸显。媒介技术的发展和演变正在从多方面、多角度影响着人类行为方式、认知方式与社会形态，给人类社会带来新的变革。不同国家、不同种族、不同地域的人们被数字化、智能化的传播媒介紧密地连接在一起，媒介技术的变革为中华文化的全球传播带来了新的方向。因此，需要将新媒介技术的发展与国家形象的提升相结合，通过分析人、社会与媒介之间愈加复杂的互动关系以及跨文化传播的实现路径，探索增强中华文化全球影响力的有效途径，构建国际传播新格局。

### 6.2.1 数字化媒介对人类行为方式的影响

媒介技术的不断革新，媒介形态的不断变化，传播技术的发展对人类的生活方式具有深远的影响。每一个时代、每一种媒介都有其特有的感知模式与认知模式，它们改变了人类的思维方式与生存状态，也影响着人类的行为方式。

1. 获取讯息行为方式的改变

广播技术的出现使得人们接收讯息的媒介由报纸转移到收音机，从购买报纸读新闻，变成打开收音机听新闻。随着电视机的诞生，人们接收讯息的媒介由收音机转移到了电视机，从听新闻变成看新闻，视听媒介随之兴起。当互联网技术得到广泛普及与应用，人们从电视机前走到了计算机前，随着移动互联网的发展成熟，智能手机逐渐取代计算机成为人们日常生活中不可缺少的工具。电子邮件、网络新闻、电子期刊、网络电视、手机直播等新媒介形式成为信息传播的主要方式，人们获取讯息的方式被彻底颠覆。以前，人们只能通过广播或者电视，每天晚间接收到当天新闻，或者每天早晨接收到前一天的新闻。如今，人们可以通过网络实时接收正在发生的新闻事件，新闻时效性得到了有效保障。但是与此同时，当人人都可以通过智能手机在网络上发布消息、发布新闻，信息数量从有限变成无限，信息内容的真实性及隐私性得不到有效掌控，人们探究信息本源的兴趣降低，成为讯息行为方式变革过程中需要面对的新问题。

2. 人际交往行为方式的改变

媒介技术的数字化革新创造了新的社交网络与媒介形态，电子邮件、微信、微博、视频直播等社交模式越来越丰富，从表面上看是更加方便、快捷地维护着人与人之间的关系，但实际上却间接引发了人际关系的问题与危机。这种快餐式的文化模式，使沉浸其中的人们变得愈发浮躁，也愈发孤独。特别是疫情暴发导致的社交封闭，进一步加剧了"宅男宅女""手机低头族"等族群现象的大行其道，引发人们的深刻反思。虚拟化社交已经成为人们主要的社交模式，人与人之间的直接交流显著减少，进而造成心理、生理和人际关系上的诸多问题。

3. 文化接收行为方式的改变

电子媒介的诞生，因其与以往媒介不同的互动性、参与性特征，显著改变了受众传统的阅读习惯，阅读传统出版物的人数急剧下降，纸质出版物的数量随之降低，通过手机终端阅读的人数大幅度提升，书信、报纸、杂志等纸质媒介逐渐退出主流市场。以杂志为例，从最原始的纸质期刊，发展到通过网络阅读的电子期刊，而电子期刊的阅读方式也随着技术的革新而改变，从计算机网页浏览，发展到通过智能手机下载官方软件或者通过微信公众号及微信小程序进行阅读。随着网络视频、网络电视、网络电影的兴起，观众观看传统电视的习惯也被新兴方式所取代。网上电视节目、电视剧或者电影，都可以通过在线或者下载的方式，随时随地通过计算机或者手机进行观看，直播回放、倍速播放、拖拽播放等功能使得受众可以随时享受自己喜欢的节目，并且可以根据自己的喜好和习惯对观看内容进行有效筛选，不再受到广告的骚扰以及直播时间、视频播放速度等因素的限制。

网络是人们获取信息的首要方式，人们通过互联网开展工作、维护社会关系、选择自己的喜好、发展自己的文化圈和社交圈。传播方式的变革影响着人们文化趣味的改变，网络讯息的趣味性和娱乐性，使得人们的整个审美情趣由传统媒体时代的严肃变成了现在的娱乐化。但由此带来的负面影响是"泛娱乐化"现象形成，网络上铺天盖地充斥着带有夸张标题以及浮夸煽动性内容的娱乐头条、娱乐新闻，各种短视频、视频直播软件的火爆，导致各种浮夸的视频、直播在网络上大肆传播，使得形形色色的网络直播红人随处可见。"泛娱乐化"破坏了人们对重大问题、严肃问题的深入研究和探索，通过肤浅的娱乐化传播，导致人们逐渐缺乏深度思考的能力，思维方式趋于浅薄，行为方式趋于盲目跟随。

4. 居家生活行为方式的改变

互联网、虚拟现实等新兴媒介的传播方式诱发了"宅男宅女"族群的流行，这类人群以年轻人居多，相比以前丰富多彩的户外生活，宅在家里的虚拟生活被更加推崇。网络购物、手机外卖等新型居家模式的兴起，颠覆了人们传统的生活方式，人们足不出户就可以完成购物、餐饮，改变了多年形成的逛街购物和外出就餐的方式。互联网、虚拟现实等技术构造出逼近真实的虚拟世界，使人产生错觉，混淆真实世界与虚拟世界的界限。但实际上，虚拟空间中的讯息都是碎片化的，这和真实世界中各种事物和现象的比例是不等价的。一些学者对此表示出了极大的担忧与批判，当新兴媒介技术转变了人的主体性，便是技术的反人道主义倾向。当人们完全沉浸于网络营造的虚拟世界，他们会排斥真实的人际交往与社交活动，甚至想要逃离真实世界。长时间与人、与社会隔绝，会导致其心理和生理上的诸多问题。技术改变了人的主体性，限制了人在社会中的交往自由，导致人被技术奴役而不自知。

我们当下正处于数字媒介和智能媒介流行的时代，信息的传播速度与传播范围再一次突破了时间与空间的局限，人类正在迈入一个全新的、前所未有的智能社会。人工智能将以其强大的能力应用于各个领域，提高人类的行为效率和生活质量，帮助甚至代替人类更好、更快地开展工作。在这个过程中，人类的行为方式、人际关系、情感体验等都会发生诸多改变。在信息时代，人们即使是在网络构成的虚拟世界进行交流，其交流对象仍然是处于网络世界的另一个人。而到了智能时代，当机器被设计成和人一样并融入人们的生活时，人们交流的对象从人变成了机器，人与机器直接互动，人类社交属性的基本行为将会被彻底颠覆。

## 6.2.2 智能化媒介对人类认知方式的影响

媒介是社会发展的基本动力，每一种新媒介的诞生，都开创了人类感知和认知世界的方式，掀起一场认知革命。在海德格尔看来，技术可以重构人与人、人与自然的关系[①]。按照海德格尔的观点，当一种新技术出现而且作为一种媒介为人们所用时，有可能对人与人、人与社会造成复杂的影响。信息

---

① 李芒. 对教育技术"工具理性"的批判 [J]. 教育研究，2008（5）：56-61.

传播是人类在社会中的一种基本行为，媒介以何种方式出现和传播，将直接影响人的认知方式和行为方式。

### 1. 认知媒介的屏幕化

口语作为信息传播进程中最初始、最基本、最重要的媒介，以人为主体，通过语言进行信息的交换与传递。随后，文字的发明和印刷技术的兴起使报纸成为人类获取信息、储存信息、传播信息的主要媒介，文字成为信息传播的主流，人与媒介分离，信息从人脑中剥离并得以储存，媒介脱离主体而独立存在。但是，口语传播受到了空间距离与时间距离的限制，人们通过报纸获取的信息单一、片面。随着广播、电视等电子媒介的广泛使用，纸质媒介的垄断地位逐渐被电子屏幕媒介所取代。人类获取信息的方式得到了巨大的改变，信息传播的时效性增强，信息内容越来越丰富。但是，广播和电视依然有其自身的缺点和限制，如节目质量参差不齐、节目类型受限、节目交互性低等。

### 2. 认知组织的多元化

当互联网技术在全球范围普及与应用，计算机与智能手机成为人们获取信息最主要的媒介，信息传播方式更加多元化，信息获取更加方面、快捷、灵活。21 世纪，人类正式迈入信息时代，信息社会形成，人类的认知方式被打破重组，人与人之间的距离被缩短，信息传播在时间上和空间上的限制被消除。以教育领域为例，传统的教育方式一般是由老师或专家向人们传授知识，学习者缺乏选择权和主动权。随着互联网和大数据资源面向全体社会开放，人们的学习方式得到有效拓展，网络论坛、博客、知乎、微博、微信、虚拟课堂、网络直播等信息接收形式不断丰富，知识与信息以便捷、海量、低成本的方式传递给受众，不再受限于专业人士与权威机构。尽管网络传播具有时效性、交互性、自主性、开放性、多样性等特点，但是对于有效信息的筛选、真假信息的分辨、网络信息的安全、网络舆论的放大等问题，依然需要得到有效的改善与管控。

### 3. 认知模式的虚拟化

智能手机、虚拟现实、物联网等新媒介技术飞速发展，网络几乎占领了人类生产生活的各个领域，人们的思维不再受到具体经验或者现实世界的限制，互联网创造出来的赛博空间超越了时间和空间的限制，使受众的认知模式呈现出虚拟化的特点，其中影响最大的便是青少年群体。娱乐化的新闻、节目化的娱乐、科幻的网络游戏，创造出轻松、鲜活、刺激的影视形象，对受众正常生活、意识和行为引导的影响力不断增大。许多未成年人伴随着电视、游戏长大，他们对社会的基本认知和行为规则甚至大多是通过这些媒介获取的。然而，在媒介传递那些经过精心剪裁、拼贴的音像信息所营造的虚拟环境里，许多真实的、全面的、本质的东西会被有意无意地割裂、歪曲和片面化，让缺乏与此相关社会知识的受众被认为是真实可信的，导致其对社会评判标准认知的失实，也无法对自己的行为后果做出恰当的评价。一些受众由于种种原因在现实世界中无法满足自己的角色需求时，就会选择沉溺虚拟的网络世界中并对其产生强烈的依附感。如此虚幻世界和现实世界巨大的落差和角色转换，极易导致受众特别是青少年陷入角色混乱，影响现实生活的正常进行。

### 4. 认知行为的碎片化

云计算、大数据、物联网、人工智能等智能传播技术的飞速发展和广泛应用使得信息内容海量化、获取方式便捷化、学习成本低廉化，各种信息以零碎的形态急剧增长，认知内容的呈现方式大幅度提升，人类逐渐形成非逻辑、碎片化的思维方式[①]。"碎片化"（fragmentation）是指完整的东西破成诸多零块，认知行为的"碎片化"是指人们长期接受各类支离破碎和缺乏逻辑性信息过程中逐渐形成的一种片面、简单和情绪化的认知模式与行为方式。互联网多媒体将诸多不同类型的信息整合于一屏，极易分散受众的注意力，沉溺于走马观花式的认知，加剧认知的碎片化，沦为人和机器之间的半成品。"碎片化"的认知行为其本质上是思维能力的退化。碎片化的认知将导致诸如长文阅读耐性下降、深度思考能力弱化、思维惰性增大、认知能力削弱等行为的缺失。移动互联网技术的快速发展、社会生活的快节奏强竞争、信息传播的短平快以及思想教育影响的弱化，都是导致认知行为下降的影响因素。辩证地看待认知行为的"碎片化"趋势，有助于更好地消减新媒介技术的负面作用。

在人类借助于新媒介技术由被动认知转变为主动认知的过程中，教与学的主体地位将不断弱化，基于网络"慕课"的教学方式，让课堂灌输式教学变成了一种主动获取知识的新方法，其沉浸性、交互性与构想性的特

---

① 梁颐. 新媒体传播对人类行为方式的影响 [J]. 青年记者，2010（9）：40–41.

点增强了用户的情境化认知，丰富了受众的认知体验。移动互联网技术使认知的个性化定制和获得精准指导成为可能，从而可以激发人们参与终身学习的动力。当人工智能技术通过自身的学习以及大数据的挖掘，成为延伸人类认知的主要媒介技术时，将会改变人们对事物的理解，进而呈现出新的认知方式。

从信息时代到智能时代，随着5G技术的发展成熟，物联网技术将逐渐走进人们的日常生活，智能交通、智能医疗、智能农业、智能仓储、智能家庭，逐步实现万物数据化、万物互联化、万物智能化，未来人类的认知方式将会被彻底颠覆。

### 6.2.3 交互式媒介对人类社会形态的影响

数字革命与智能革命催生出各式各样的新兴媒介，具有交互性、自由性与广泛性，文化形态呈大众化、流行化、娱乐化，大众运用新兴媒介开展工作与交流，建立新的身份，形成新的社会关系并发展新的文化。从电报、电话、电影到广播、电视、卫星通信、计算机网络，再到智能手机、虚拟现实、大数据、人工智能、物联网，电子媒介在不知不觉中成为人们生活的一部分，无形中也改变了人类传播活动的模式以及原有的社会交往方式和整个社会的秩序与形态。

1. 时空观念的重塑

媒介技术每一次革新都会影响人们对于空间与时间的认知，继而影响社会的发展。哈罗德·伊尼斯在《传播的偏向》中提到，不同的媒介在时间和空间上偏向的不同，有助于产生行动和互动的不同社会环境。文字、电报、电话、电视、手机、网络等，每一种媒介都会产生不同的社交方式和社会影响。文字的掌握和传播是人有文化的身份标志；电报和电话使远距离信息传达所需要的人体运动与信息本身运动分离；电视将各地和不同类型的人群与发生的事件实时展现在受众面前；智能手机让人可以随时隔空交流、异地实时交易支付并打破了个体间保持适当距离的社会规则；互联网打破了时间和地域限制并提供了隐身参与互动交流的环境，生活时间与工作时间交融、私人空间与公共空间混合。

移动互联网作为一种全新的媒介形态正在重塑着人类的时空观。已有学者对此产生了担忧，认为新媒介系统正在把社会和历史的深度时间，转变为群体和平面的共同时间，社会文化的时间被进一步混合和碎片化①。网络技术建构下的多维时空关系导致信息碎片化、拼贴化、无逻辑、无序性，海量的信息泛滥成灾，使得受众无从分辨，造成个体的空虚、焦虑与迷茫。

2. 话语权的分散

互联网时代，传统媒介与新兴媒介融合发展，改变了传统意义上的社会互动协调机制。论坛、博客、微博、微信、视频直播等传播媒介的兴起与普及，使得草根阶层、弱势群体等新进话语阶层进入媒介话语圈，话语权被分散，用户自主地位提升。以微博为例，用户的差异性和信息传播的广泛性形成不同的话语体系，各个阶层的用户都在其中获取到更大的话语空间，实现其话语权。目前，微博已经成为各个社会阶层发表言论的主要渠道，精英阶层发布权威信息、原创性话语、社会事件评论、生活知识普及等；草根阶层对于社会新闻、实时事件、生活服务、趣味话题等信息的转发与评论，以及个人日常工作与生活的分享。各阶层用户都处于同一个开放式、低门槛、高活跃度、高自由度的媒介空间，人们对于微博的信任度与依赖程度达到了空前的高度。由此可见，新兴媒介使个人重新获得了自由话语权，信息传播者和接收者的角色界限被打破，传统媒介掌控话语权的状态被改变，原有的媒介格局被淡化。

但是，由于网络具有匿名性，用户可以借助网络的虚拟空间隐藏自己的真实身份，他们可以通过浮夸的言语来标榜自己，也可以通过真实的话语来表现自己，利用网络匿名性发布一些虚假、失真或带有人身攻击的言语，以此摆脱由话语自由引起的种种失范与不当行为，规避责任，造成网络暴力、网络造谣等负面效应，网络舆论生态呈现出多元且不稳定的态势。因此，我们要学会妥善处理舆情危机，提高公民媒介素养，遵守媒介伦理与法规。

3. 虚拟与现实界限的模糊

互联网、虚拟现实、增强现实等新兴媒介运用数字技术创造出一个能够以假乱真的符号社会，真实生活被数字符号与影像所取代，人们对"真实"的体验逐渐消失，打破了虚拟与现实之间的界限。如今，人们已经可以运用增强现实技术让现实世界的人与虚拟影像中的人同台表演，虚拟事物与现实事物超越界限被呈现在受众面前。虚拟现实技术为人们创造出了一个可以令

---

① 隋岩. 媒介文化与传播 [M]. 北京：中国广播电视出版社，2015：111.

人沉浸不能自拔的、高度仿真的感官空间和虚拟世界。这个空间里，人们既可以获得现实世界的感受和情境，也能够获得超越自然世界的速度与能力，创造在现实世界里无法实现的奇迹。在这样一个纯粹的虚拟环境中，"现实"开始被怀疑、被解构，真实的社会角色与身份被剥离，社会阶层被重新划分，权力关系被改变。

虚拟的网络世界随着各类社交网站的兴起，与现实世界的关系更为密切，已经成为现实世界的延伸。每个网络的参与者都可以成为不依附于社会现实地位的存在，扮演着自己想要的角色，发挥与不同于现实生活中的作用①。虚拟的网络世界对人们衣食住行的影响逐渐增大，甚至诸多行为规则乃至亲情伦理等都可能被复制进虚拟空间，不断模糊着虚拟世界与现实世界的界限。

**4. 人机物互动的增强**

随着数字媒介的广泛普及、人工智能的广泛应用、物联网的广泛覆盖，人、物之间的连接方式逐渐增多，世界的空间感逐渐变小。人们借助互联网实现即时沟通，互动双方为信息的发布者与接受者，且双方身份不断转换，受众之间、组织内部、互动双方形成多层次的互动，这种互动也可以看作是人人交互的互动。查询信息的人通过与以数据库为代表的机器进行互动获取讯息，属于人机交互层面的互动。以物联网为载体的信息传递交互的双方主体为智能化的机器，属于机机交互层面的互动，目前此种互动尚处于概念化初期阶段。

随着人工智能的不断进化，人与机器实现对话和交流，人机交互模式从语音交互模式发展到手势交互模式。苹果公司于2016年发布的Siri语音助手功能，利用人的声音代替手部触摸屏幕操作手机。Siri不仅可以准确识别语音，还可以进行语义的智能分析判断，并且实现系统功能和后台数据的调用，真正实现所答即所问、服务即所想的助理功能，从识别到执行再到互动之间的飞跃，是人机语音交互的革命性所在。华为公司于2019年发布AI隔空手势操作功能，用户无须触摸屏幕，通过姿态感应器，实现设备无触碰感知、隔空上下滑动、隔空抓取截屏等，该功能拓展了手机的使用体验，在一些不方便说话或者直接接触手机的场景下，依然能够便捷操作，人机交互模式带来了新的变革。人机物之间的交互关系从最初的界面交互，到后来的融为一

---

① 陈力丹. 互联网重构了我们的社会生活［J］. 新闻界，2017（1）：30–33.

体，呈现一种递进的发展体系，而界面交互作为人机交互的重要形式，也经历了从硬交互到软交互、从在场到透明等历程①。当智能媒介发展成熟，人类将被动或者主动脱离躯体，最终迈入人机物融合阶段，改变原有的社会形态。

### 6.2.4 国际传播新格局的构建

新媒介技术的发展使人类的社交模式发生了颠覆性的变革，人、社会与社交媒介之间的互动关系越来越复杂。全球移动通信系统协会（GSMA）发布的《2021 中国移动经济发展报告》中指出，随着 5G 技术的快速普及，中国已经成为 5G 应用的全球领导者之一，5G 连接数占全球 87%。5G 技术的正式商用解决了人们随时随地分享视频的需求，大视频和虚拟现实等应用逐步取代图片分享，视频直播、短视频社交已经成为主要的交流方式。2018 年，习近平总书记在全国网络安全和信息化工作会议上强调，必须抓住信息化发展的历史机遇。在"十四五"发展规划中，提出了"数字中国""视听中国"等国家战略。全球文化传播的物理空间被打破，不同国家、不同种族、不同地域的人们被数字化、智能化的传播媒介紧密地联系在一起②。以社交功能为主的新媒介技术使跨文化社交成为可能，为国际传播新格局的构建带来了新的技术途径和机遇。

1. 自媒体社交模式下的跨文化传播

在全球化趋势的推动下，跨文化传播已经成为当前最重要的传播形式之一。新媒体时代自媒体的盛行，给中国的跨文化传播带来了新的机会。在跨文化传播的过程中，各国、各民族的文化相互碰撞、冲击、交流、对话，既存在跨文化冲突，也有跨文化融合，而跨文化融合是文化传播与发展的总体性趋势。

全球一体化进程的加快使中国的跨文化传播面临新的问题与挑战。由于各国或各民族之间文化背景、政治制度、法律体系、意识形态、宗教信仰、认知环境、表达方式等差异，人们会对外来文化形成固有的看法和认知，难以突破自身圈层去理解外来文化，这在一定程度上影响了跨文化交流与合作

---

① 魏佳. 新媒体语境下的人机交互叙事初探［J］. 新闻爱好者，2018（3）：49－52.
② 童清艳，刘璐. 网络与数字传播：增强中华文化全球影响力的有效途径［J］. 现代传播，2019（6）：11－16.

的开展。因此，应当融合国际文化，创新文化传播理念和运行机制，提升中华文化的全球影响力。中国传统文化是我国对外交往的一门特有技艺，而传统文化并不是一成不变的模式，随着科学技术的发展和全球化进程的加快，将传统文化与现代科技相结合，以全新的角度去发掘传统文化的魅力是十分必要的。

以智能手机为终端的新兴社交媒介成为跨文化传播的新窗口。目前，全球性移动社交软件主要有微信（WeChat）、微博（Weibo）、抖音（TikTok）、Facebook、Twitter、Line、Kakao Talk 等。近年来发展并崛起的抖音以短视频和直播为主要社交模式在国内得到广泛普及，成为这个时代生活片段的缩影，并迅速拓展到海外社交市场风靡全球。以抖音为代表的智能传播时代新型社交模式为弘扬中华优秀传统文化开辟了一条全新的途径。藏族男孩丁真的视频通过抖音等社交平台迅速在国内走红，并传播至海外社交平台。视频中，藏族少年身着民族服装，在脱贫之后的家乡快乐肆意的骑马、牧牛，自由的生活。海外网友通过视频了解藏区文化，了解藏族人民的生活现状，为其更加深入地了解中国打开了一扇新窗口。四川女孩李子柒用镜头记录真实、古朴的传统生活，使用古朴炊具、沿袭古法工序烹制出了一道道令人惊艳的传统美食。这种返璞归真、积极向上、热爱生活的态度传播到海外，激发了他们情感上的共鸣，被称为是"东方美学生活家"，坐拥 YouTube 视频网站千万订阅者，成为传播中华传统文化的全球圈粉"中国现象"①。从她的身上能够看出美食和古典文化可以冲破语言的限制，打破种族的屏障，优质的内容不论国别。

从带有浓郁"中国风"的传统美食、中国独特的江南水乡与田园风光，到祖国美丽的山川河流风景名胜，无不蕴含了中式哲学与美学。对这些内容采用现代数字技术和跨文化社交方式进行传播，不仅能够丰富中华几千年的文明在海外传播的内容，也满足了世界了解东方文明大国的迫切祈望。实践表明，通过新媒体的跨文化社交对中国传统文化潜移默化的传播到国际舞台，能够扩大跨文化交流辐射范围，促进中华传统文化与各国文化的交流与互鉴，让外国人感受到中国文化的博大精深，打开跨文化传播的新模式。

---

① 邓凌月. 推进跨文化交流的四条途径［N］. 学习时报，2020 – 8 – 7（6）.

**2. 对不同层次受众实施差异化精准传播的策略**

跨文化传播不是单向度、灌输式的过程，而是双向、互动式的传播。现代媒介技术在实现双向互动传播方面具有更快捷的实时性、更广泛的传播性、更精准的适用性。

首先，在传播思维上，树立用先进的数字技术和社交媒介进行跨文化传播的意识。社交媒体技术的每一次革新与更迭，都会重塑受众的接受心理、阅读习惯和互动状态。因此，作为内容生产者，应当全方位认知新媒介平台，掌握受众的诉求和期待，通过不断革新的数字化应用实现跨文化交流的传播和创新。

其次，在传播内容上，要重视跨文化传播过程中的话语体系构建。既要保持吸引眼球的独特的民族特色和本土文化，又要充分兼顾不同国家宗教、文化、信仰等的多样性，克服跨文化社交中的语言差异、文化差异、思维差异和信仰差异，以及不同年龄段对中华文化接受的差异。2019 年《中国国家形象全球调查报告》给出的海外调查结果表明：中华饮食、中医药和中国武术是最能代表中国文化的三个方面①。因此，在国外社交平台上多发布以中国传统文化为主的内容，包括短视频、卡通等节目，规避敏感的宗教和政治等问题，在寓教于乐的过程中，潜移默化地引发受众的情感共鸣，获得海外受众的文化认同和有效传播。

在传播方式上，充分利用互联网的开放、实时、互动等技术优势，依托于抖音、微博、Facebook、Twitter 等社交平台，根据不同的年龄段受众对事物喜好和认知的不同，分别进行文字、图片、短视频和网络直播推送，实现对不同受众群体的差异化精准传播。

**3. 构建多维立体的国际传播新格局**

在数字化的智能时代，如何有效传播中华文化并塑造中国在全球的新形象，是亟须探讨的问题。通过新型社交媒介平台，向全球传播中华文化，展示真实、立体、全面的中国，是加强我国国际传播能力建设和提升国家形象的重要任务。

在公共外交领域，提升国家形象的表现主体逐渐向全民扩散，即所谓的

---

① 于运全，王丹，孙敬鑫.2018 年中国国家形象全球调查分析报告［J］.对外传播，2019（11）：28－29.

"全民外交"，各国公民交流频繁，每一个公民都是自己国家的形象大使，一个国家网民的言行举止对于国家形象的塑造起到了很大的作用。随着抖音在国外的受众范围和影响力逐步扩大，以视频为主的传播模式成为主流。借助新型社交模式所具有的参与性、开放性、对话性、圈层性、跨界性等特点，有助于让受众在接收传播内容的过程中产生亲和感、认同感、黏合感和交互感。比如，让中国的对外官方媒体使用 Vlog 进行文化传播，有利于改善国外受众眼中古板严肃的有失偏颇的中国形象，有其可以提升中国在年轻人群体中的好感度。还有一些长期居住在中国的外国友人，将自己在中国的亲身经历的体验，通过录制 Vlog 上传到抖音和 YouTube 上，向本国人民传递自己在中国的所见所闻，这对于外国受众更加具有客观性和亲切感。

基于大数据背景下的信息传播，人们的思维模式和阅读方式逐渐碎片化，短消息、短视频成为主要的信息接收模式。相较于以往气势恢宏、气壮山河的宏大宣传视角，以平民化的微视角，用短视频的方式展示生活中的一段心情或者一段感受，其中所展现的情感表达会产生出一种无法言喻的传播效果，直达受众心灵。由此可见，民众在网络上发表的意见和态度所形成的舆论对于国家形象的判定尤为重要。

在当今西方利益集团不断围堵中国发展的错综复杂国际社会形式下，如何冲破封锁弘扬中华传统文化，是亟待解决的问题。秉持开放包容、兼收并蓄的多元一体格局是我们的一贯国策，通过不断吸收借鉴海外优秀文化成果，加强与异域、异族的跨文化交流，将有助于减少认知定势和圈层隔阂，增进民众间的理解互信，为提升中华文化的全球影响力、加速中华民族的伟大复兴创造有利条件。

新媒介技术的发展使社交媒介逐渐呈现出多元化、高水平、强交互等特点，并对现代社会人们的生活、学习、休闲娱乐方式带来深刻影响。面对势不可挡的媒介技术革命的浪潮，我们在享受新兴媒介技术带来的好处与便利的同时，也要对其可能带来的威胁及负面影响时刻保持警惕。理性认识人、媒介、社会三者之间愈加复杂的互动关系，正确看待新兴媒介技术对人与社会的辩证作用与影响，提升受众的媒介素养，坚持以人为本，实现人与媒介相互促进、相互制约、和谐共存、协同发展。利用新媒介技术创新对外宣传方式，融合国外话语体系，构建完善的跨文化传播理论体系，实施不同文化背景、不同宗教信仰、不同年龄段受众的差异化有效精准传播，打造国际传播新格局，有效提升中华文化的全球影响力。

## 6.3 麦克卢汉媒介观对新媒介技术的价值与意义

科技的不断进步和时代的不断发展始终伴随着新媒介技术的不断革新，新旧媒介的交互更迭与发展，也在不断改变人们的生活方式与社会交往方式。麦克卢汉媒介观的提出始于报纸、广播、电视等电子媒介盛行的工业时代，复兴于计算机、互联网、手机等数字媒介盛行的信息时代，印证于移动互联网、虚拟现实、物联网、人工智能等智能媒介盛行的智能时代，对未来新媒介技术的应用与发展亦具有重要的理论价值与现实意义。

### 6.3.1 麦克卢汉媒介观对新媒介技术应用的理论价值

美国早期对于传播媒介的研究大部分围绕媒介传递的信息内容及影响展开，而麦克卢汉继承并拓展了伊尼斯将媒介技术与人类文明发展史联系起来展开研究的思路，强调了媒介技术的进步影响着社会文化与社会文明发展的程度，更加清晰地阐释了媒介技术的应用比媒介所承载的内容对人与社会的影响更加深刻和彻底。麦克卢汉媒介观对媒介技术应用的理论价值主要体现在历史、政治、伦理、文化四个方面。

（1）在历史价值方面，麦克卢汉主义认为，一部人类史就是一部媒介技术演变史，历史的发展阶段与媒介技术的形态具有某种因果性或对应性。任何一种新的技术都是新的媒介，媒介技术的每一次革新都会影响人类的生活和社会的历史进程。报纸打开了人们的书面世界；广播打开了人们的声觉世界；电视打开了人们的视觉世界；互联网打开了跨时空、跨地域的赛博空间；虚拟现实打开了人们的感知世界；物联网打破了人与物之间交流的隔阂；人工智能打开了人们的神经世界。

（2）在政治价值方面，传媒强国凭借其拥有核心的电子媒介技术，可以控制人们的视听神经和中枢神经，削弱人们辨别真相的能力，主宰人们的精神世界，进而掌控世界。由此，麦克卢汉指出，人类的一切政治活动必须在一定的媒介技术环境下进行。

（3）在伦理价值方面，媒介技术与人类直接存在着主客关系和主奴关系，媒介技术的日益发展使其对人们的社会生活和精神生活产生了深远的影响。技术的进步对于人性所带来的危机问题不容忽视，当电视和网络发展成为人们工作与生活不可分割的一部分，一些学者提出了"娱乐至死""网络致死""人性异化"的警告。麦克卢汉处在电视媒介兴盛发展的时代，他对于保护未成年不受电视毒害的问题尤为关注。

（4）在文化价值方面，关于麦克卢汉及其媒介观的书籍自20世纪90年代中期以来在美国和加拿大相继出版，有关传播新动向、信息传播新技术、社会新变迁的书籍也都开始论及麦克卢汉媒介观。在传统的观念里，媒介是讯息的载体，是一种形式。但是麦克卢汉赋予了媒介形式独立的存在性，即媒介本身就是一种讯息，认为媒介具有重要的传播价值。尽管在麦克卢汉所处的电子传播时代，无法对后来兴起的计算机、互联网等新媒介作出清晰的描述，但是他仍然大胆地对未来信息传播技术的发展趋势进行了预言，指出媒介技术革命将使讯息成为生产力发展的重要资源。

作为承载和传递信息工具的媒介，其自身的特征与活力对人与社会所产生的影响是不同的，人们对媒介传播作用的诉求也会随着新旧媒介功能的更迭而发生变化。例如，当印刷媒介在社会传播活动中占据主导地位时，书面语言符号的使用是人们关注的重点；当电视媒介占据主导地位时，人们则转而强调其声像效果；当计算机应用与电子出版兴起时，人们开始重新重视印刷物的版面设计与视觉效果，同时提升了对于排版、插图、格式的要求；虚拟现实、物联网等技术的崛起，则使人们在视觉和声觉的基础上增加了对身心感受的需求。麦克卢汉肯定了媒介技术作为科学技术组成部分之一对人类传播活动与人类社会的变化具有重要的作用，这也是麦克卢汉媒介观在信息高速公路建设浪潮席卷全球的今天对新媒介技术应用的价值体现。

### 6.3.2 麦克卢汉媒介观对新媒介技术发展的现实意义

在麦克卢汉看来，真正有意义的讯息是媒介自身所蕴含的演变形态、技术水平以及技术属性所产生的感知方式和社会影响，而非媒介所传递的内容本身[1]。媒介的形态决定了人类社会的形态，新媒介的技术水平决定着社会发

---

[1] 李曦珍. 理解麦克卢汉：当代西方媒介技术哲学研究 [M]. 北京：人民出版社，2014：194－208，242－249.

展的水平。从唯物史观的角度来看，科学技术是第一生产力，媒介技术作为生产力的重要组成部分，推动了社会的前进与变革。

在文化生活方面，新媒介技术涉及教育、艺术等领域，包括音乐、电影、电视、戏剧、文学、视觉艺术、舞蹈等。在社会方面，新媒介技术改变了人与人、人与物之间的互动方式。在经济方面，新媒介技术影响了信息服务业、建筑业、制造业以及个人服务业，从产品研发到市场销售再到组织与管理。任何领域的任何行业以及任何一种活动，无不受到新媒介技术的影响或冲击。

电子邮件、互联网、手机等电子媒介的普及使人们卷入彼此生活的程度增强，人人都拥有平等的机会去获取互联网上的公开信息和资源。网易、新浪、搜狐网等门户网站增加了信息收集的准确程度，提高了用户获取信息的效率，新媒介生产力得到了极大的提升。随着博客、论坛、微博、脸书、推特等社交网络的广泛应用，"内容为王"占据了主导地位，强调内容的生产。内容生产的主体从专业网站拓展到个体，从专业组织的制度化把关式生产拓展为"自媒体"的随机和自我把关式生产，内容生产的目的也从内容本身转为用内容延伸人们在网络社会中的关系。在信息与智能时代，新媒介技术产生了各式各样的讯息，微信社交、微信公众号、网络自媒体、手机直播互动、VR 虚拟体验、智能机器人服务等新的传播形式与社交模式逐渐普及，强调内容与服务并重。在人与人交互的基础上，衍生出人机交互以及多终端交互，从移动互联向万物互联发展。

媒介技术的发展按照媒介与人的关系可以分为两个阶段：一是媒介与人的分离；二是媒介与人的结合①。麦克卢汉所处的电子媒介时代被视为媒介与人的分离阶段，亦可称为体外化媒介的发展阶段。麦克卢汉认为，人类的感官平衡在这个阶段开始被媒介的技术逻辑所打破。在人工智能技术指导下生成的可以模拟人类意识的机器人，脱离了人而独立存在，并且具有能动意识和思考能力，可以看作是体外化媒介发展的最高形态。当物联网和人工智能技术发展成熟，人机融合将得以实现，这个阶段被视为媒介与人的结合阶段，亦可称为体内化媒介的发展阶段。在这个阶段，媒介将走向人类自身，通过对肌体功能的改造和电子神经的连通，将人与机器进行连接。麦克卢汉肯定

---

① 李曦珍. 理解麦克卢汉：当代西方媒介技术哲学研究［M］. 北京：人民出版社，2014：194－208，242－249.

了体外化媒介对构建社会环境和人类社会发展的积极意义，人类的肌体功能将随着媒介技术的发展而强大，每一种媒介技术的发展都会引起人类社会环境的变化。广播技术为人们提供了高于报纸上呈现的内容，电视技术为人们提供了高于广播中放送的内容，互联网技术为人们提供了高于电视屏幕上推送的内容。虚拟现实技术丰富了人们的感官感受，物联网技术重构了人与物的关系，人工智能技术重塑了人类的社会形态。媒介技术的发展推动着人类社会形态的变革，改变着人与媒介之间复杂关系的变化。

麦克卢汉关于"媒介是人的延伸"理论对于理解不同媒介的作用机制具有启示作用，关于"地球村"的论断符合当今时代的发展趋势，近年来，数字媒介和智能媒介的发展进一步印证了麦克卢汉的预言。麦克卢汉终其一生都在研究人与媒介技术的关系，其媒介观拓展和启发了研究媒介的新思路，对于人们认识媒介的重要性以及更好地运用媒介技术具有重要的现实意义。

# 结　语

麦克卢汉所处的时代是电子媒介技术蓬勃发展的时代，麦克卢汉媒介观是对芒福德与伊尼斯思想的继承与创新，他将媒介的概念由大众传播和人际传播的媒介扩大到人际沟通的所有介质。麦克卢汉以媒介的视角研究人类社会发展历程，开拓了媒介研究的眼界与范围，强调了媒介作为客观存在的作用、价值以及社会历史作用。麦克卢汉作为一个具有争议性的人物，其超前的媒介思想发人深省，对于深入理解新媒介技术对人与社会的影响具有重要的理论意义与现实意义。新旧媒介的不断革新，使人们对于媒介的理解发生了巨大变化，物联网、大数据、云计算、人工智能的普及进一步印证了麦克卢汉所说的"万物皆媒介"。

本书以麦克卢汉为研究对象，以其媒介观为研究依据，以技术哲学为研究视角，通过梳理与阐述麦克卢汉媒介观的形成溯源与核心内容，重点对虚拟现实、物联网、人工智能等新兴媒介技术的发展进程进行了系统的分析与研究，探讨新媒介技术发展对麦克卢汉媒介观的延伸、拓展与提升，并对麦克卢汉媒介观进行重新审视，分析新媒介技术对人与社会的影响。

（1）通过分析虚拟现实从思想萌芽到理论完善、从技术初现到技术应用的发展历程，深入探讨了虚拟现实技术的两重性及其对人的延伸与影响，阐明了虚拟现实技术对麦克卢汉"媒介是人的延伸"理论的纵向延伸作用，认为虚拟现实技术的兴起是对麦克卢汉媒介观的延伸，揭示了虚拟现实技术的沉浸性、交互性、构想性对受众感官、心理与意识的延伸方式与途径。

从麦克卢汉"人的延伸"视角理解媒介，认为媒介是基于对人的延伸而出现在人们的生活之中，在延伸人体的过程中对人类思维与认知进行改造。在虚拟现实从思想萌芽到技术兴起的历史过程中，其沉浸性特征通过直接性与间接性的刺激延伸了受众感官；交互性特征通过心理能动性与行为抉择的引导延伸了受众行为；构想性特征通过自我认知与主体性的转变延伸了受众意识。虚拟现实技术所生成的虚拟环境中的一切都是虚拟与现实相互作用产生的结果，不仅是对个体的延伸，还是对人类感官、中枢神经甚至整个社会的延伸。任何技术都具有两重性，虚拟现实在拓展人类精神交往领域的广度与深度，增强主体自主性的同时，也会导致主体精神沉沦与个性散失，被技术奴役而异化。

（2）在阐述了麦克卢汉"媒介即讯息"理论的基础上，衍生发展了"数据即讯息""数据即媒介"的观点，并对物联网在发展进程中可能带来的技术异化以及数据伦理的困境进行了哲学反思与讨论，论述了物联网技术对麦克卢汉媒介观的拓展作用。以大数据、物联网为代表的新兴媒介技术给人类与社会带来诸多便利、推动经济发展与社会进步的同时，也带来了网络安全、虚假信息、隐私保护、网络犯罪等一系列伦理问题和法律问题。因此应当正视新媒介技术发展的辩证影响，树立正确的伦理观和价值观，实现人、技术、社会三者之间的良性互动与健康发展。

（3）从麦克卢汉"媒介延伸论"和"冷热媒介论"出发，基于普特南的"缸中之脑"假说，从"脑机融合""人机融合""人机物三元融合"三个层面对人工智能技术的发展进行哲学思考，分析了人工智能技术对提升麦克卢汉媒介观的促进作用。基于人机融合的本体性、渐进性、辩证性三个特性，阐明了人机融合是人类智能的延伸，指出了解决当前人工智能技术发展中的伦理困境关键在于确立以人为主导的人机融合机制，机器智能辅助人类智能，二者相互促进、协同发展将是未来智能社会的主流趋势，人类始终是决定智能机器能力及未来走向的关键。

人工智能和物联网是未来技术最重要的发展趋势之一。在媒介融合并存的背景下，距离感与空间感被消解，数据被赋予更多的内容和讯息，人与物、物与物关系被将重构，推进万物互联社会形成。当机器智能高度发达并产生自主意识，将可能导致技术异化和人机对立；当万物皆被量化为数据，大量的信息碎片化或将可能导致人类异化。面对新媒介技术带来的一系列伦理困惑和法律问题，应当赋予人机融合智能机器积极的意识引导与正确的价值观，建立并完善人机融合机制，树立机器智能为人类服务的意识，避免技术被恶意使用，在提高人类生活质量的同时促进技术的健康和可持续发展。

（4）麦克卢汉对人与媒介之间复杂互动关系的阐述和观点在当今信息时代与智能时代既体现出创新性与合理性，又具有一定的片面性。他对于冷热媒介的划分过于牵强，对于媒介的作用过于夸大，只强调了媒介的能动性，忽视了媒介的具体内容，忽略了人的主体性和主观能动性。尽管麦克卢汉媒介观存在着一定的缺陷，但是其深刻的见解在今天依然具有强大的解释力，他关于"地球村"的预言符合当今人类社会发展趋势，因此应当从辩证的角度对麦克卢汉媒介观进行重新审视。

（5）论述了麦克卢汉媒介观在理解人与媒介之间复杂互动关系中的创新性与片面性，揭示了新媒介技术改变人类认知方式、行为方式与社会交往方式的机制，提出了应对新媒介技术负面影响的策略。人机物的融合不仅模糊了现实与虚拟、人与机器、人与物之间的界限，而且引发了人类在创造媒介与运用媒介的过程中所产生的矛盾问题与异化现象。认知媒介屏幕化和模式虚拟化，颠覆了人类的认知方式；认知组织多元化和行为碎片化，颠覆了人类获取讯息、人际交往、文化接收、居家生活的行为方式；时空观念的重塑、话语权的分散、虚拟与现实界限的模糊、人机物互动的增强，颠覆了人类社会交往方式。当人类过度沉浸于机器营造的虚拟世界中，会导致人与人之间的情感逐步淡化、关系逐渐疏离，忽视自身的现实感受。当数据信息无休止的激增并到达无以加复的地步，会导致人类的理性判断能力下降，失去批判意识。当智能媒介得到广泛普及，会导致人类在精神上和行为上过度依赖于机器，降低自身的主观能动性。

（6）麦克卢汉"媒介即讯息"的观点使我们对媒介的考察从单一视角转向多维视角，从平面思维转向立体思维，开拓了从媒介出发观察人类发展的视角，对媒介技术的发展做出了一种极为宽泛的理解。但其"冷热媒介"的划分在智能时代存在一定的片面性，因为智能社会的形成已经使得技术的边界逐渐模糊甚至崩溃。

媒介技术发展日新月异，未来对于媒介技术的研究还可以从以下两个方面开展。

第一，人工智能、大数据、物联网等新技术出现对当下社会带来巨大的冲击，原有伦理框架面临挑战，因此突破传统哲学思维与传播学思维的局限研究人与媒介技术的关系成为新的研究方向。在媒介技术大肆发展的时代背景下，人类生活方式越来越便利，生活质量越来越高，讯息传播越来越快捷，社会交往方式越来越丰富，但媒介技术带来的弊端随之显现出来。人类对于讯息与交流的迫切渴望推进着媒介技术的变革与发展，人对于媒介寄予厚望，同时也为媒介对自身的影响以及在某种程度上的异化而产生焦虑。人与媒介技术相互影响、相互作用，媒介融合、人机融合对人与媒介技术的关系重塑是当前需要面对的严峻问题，这不仅拓宽了媒介技术的研究视野，也为人与媒介关系的研究提供了新的思路。

第二，新媒介技术对人与社会的影响刚刚开始显现，对于正在普及或即将研发的新媒介技术会带来的威胁与异化仅仅局限于思维层面与应用层面上的警告，因此需要拓宽研究视野，从技术研发、创新与实践的视角进行深入研究，推进物联网、人工智能等技术的伦理研究，提出具有前瞻性的应对机制。媒介技术的产生与发展的过程是微妙的，一个媒介技术发展必然会促使或者诱导新一个媒介技术的产生。每一种媒介都有自身的缺陷，而人类拥有无限的欲望，当眼下的媒介技术无法满足现实需求时，人类便会不断地开拓新的媒介为其所用。媒介技术的发展与人类社会的演化变革紧密结合在一起，既可以推动人类社会的进步与发展，也会发觉出人类无穷智慧的潜在能量。新媒介技术会产生新的问题，我们对新媒介技术也需要有新的应对机制。

新媒介技术在发展进程中呈现出多元化、高水平、强交互的特点，媒介技术的变革复兴了针对麦克卢汉媒介观的争论，亦是对其媒介观的再印证。面对当今势不可挡的媒介技术革命的浪潮，人们在享受新媒介技术带来的好处与便利的同时，也要对新媒介技术可能带来的威胁及负面影响时刻保持警惕，理性认识新媒介技术的作用，制定应对其负面影响的策略，确立受众对待新媒介技术发展的合理机制，提升受众的媒介素养，坚持以人为本，实现人与媒介相互促进、相互制约、和谐发展。

# 附录　麦克卢汉主要专著列表

**麦克卢汉主要著作及中译本：**

〔1〕McLuhan，M. The Mechanical Bridge：Folklore of Industrial Man. New York：Vanguard Press，1951.（何道宽译．机器新娘：工业人的民俗．北京：中国人民大学出版社，2004.）

〔2〕McLuhan，M. The Gutenberg Galaxy：The Making of Typographic Man. Toronto：University of Toronto Press，1962.（杨晨光译．《谷登堡星汉璀璨：印刷文明的诞生》．北京：北京理工大学出版社，2014.）

〔3〕McLuhan，M. Understanding Media：The Extensions of Man. New York：McGraw – Hill，1964.（何道宽译．理解媒介：论人的延伸．北京：商务印书馆，2000.）

〔4〕McLuhan，E.，McLuhan，M. Laws of Media New Science〔M〕. Toronto：University of Toronto Press，1992.

**麦克卢汉主要文集及中译本：**

〔1〕McLuhan，M.，Fiore，Q.，Agel，J. The Medium is the Message：An Inventory of Effects. Corte Madera：Gingko Press，1967.（〔美〕昆廷·菲奥里，杰罗姆·阿吉尔编．媒介即按摩：麦克卢汉媒介效应一览．何道宽译．北京：机械工业出版社，2016.）

〔2〕McLuhan，M.，Fiore，Q.，Agel，J. War and Peace in the Global Village. Corte Madera：Gingko Press，2001.（〔美〕昆廷·菲奥里，杰罗姆·阿吉尔编．媒介与文明．何道宽译．北京：机械工业出版社，2016.）

〔3〕McLuhan，M.，Gordon，T. Marshall McLuhan Unbound. Corte Madera：Gingko Press，2005.（〔加〕特伦斯·戈登编．余韵无穷的麦克卢汉．何道宽

154

译．北京：机械工业出版社，2016.）

［4］McLuhan，M.，Cavell，R. McLuhan Bound：Essays in Understanding Media. Corte Madera：Gingko Press，2016.（［加］理查德·卡维尔编．指向未来的麦克卢汉：媒介论集．何道宽译．北京：机械工业出版社，2016.）

McLuhan，M.，McLuhan，S.，Staines，D. Understanding Me：Lectures and Interviews. Massachusetts：The MIT Press，2004.（［加］斯蒂芬妮·麦克卢汉，戴维·斯坦斯编．麦克卢汉如是说：理解我．何道宽译．北京：中国人民大学出版社，2006.）

# 参考文献

［1］［奥地利］维克托·迈尔 – 舍恩伯格．大数据时代：生活、工作与思维的大变革［M］．周涛译．杭州：浙江人民出版社，2013：117．

［2］曹继东．传统媒体与新媒体的融合路径［J］．科技传播，2014（20）：103 – 105．

［3］曹剑波．缸中之脑知道"我不是缸中之脑"吗？——怀疑主义的普特南式解答议评［J］．自然辩证法通讯，2006（2）：25 – 31．

［4］曹剑波，张立英．我知道"我不是缸中之脑"吗？［J］．自然辩证法研究，2008（3）：50 – 56．

［5］陈昌曙．技术哲学引论［M］．北京：科学出版社，2012．

［6］陈晓燕，黄友生．虚拟现实技术对主体自我实现的两重影响［J］．天水行政学院学报，2008（3）：42 – 44．

［7］程石．人工智能发展中的哲学问题思考［D］．重庆：西南大学，2013．

［8］褚秋雯．从哲学的角度看人工智能［D］．武汉：武汉理工大学，2014．

［9］［德］恩斯特·卡西尔．人论［M］．甘阳译．上海：上海译文出版社，1985．

［10］丁选程．浅谈虚拟现实的发展与展望［J］．新课程（下），2017（2）：133．

［11］杜方伟．论麦克卢汉"地球村"的理论与现实［J］．高教学刊，2015（17）：250 – 251．

［12］杜森．人工智能与人的认知问题研究［J］．长沙理工大学学报（社会科学版），2016，31（3）：36 – 41．

［13］［法］笛卡尔．第一哲学沉思集［M］．庞景仁译．北京：商务印书馆，1986．

［14］范龙．媒介的直观：论麦克卢汉传播学研究的现象学方法［M］．广州：暨南大学出版社，2009．

［15］范龙．"媒介即讯息"：麦克卢汉对媒介本质的现象学直观［J］．浙江大学学报（人文社会科学版），2008（2）：189－195．

［16］范龙．现象学方法在传播学研究中的应用前景初探［J］．新闻大学，2010（1）：45－50．

［17］范龙．现象学：一种可资传播学借鉴的哲学方法［J］．重庆大学学报（社会科学版），2007（1）：63－67．

［18］方红庆．普特南、先验论证与实用主义［J］．科学技术哲学研究，2012（10）：42－46．

［19］凤蝶．虚拟现实的哲学探讨［D］．芜湖：安徽师范大学，2007．

［20］高慧琳，郑保章．基于麦克卢汉媒介本体性的人机融合分析［J］，自然辩证法研究，2019（1），35（1）：27－32．

［21］高慧琳，郑保章．人工智能语境下对"缸中之脑"假说的哲学诠释［J］．科学技术哲学研究，2018（10），35（5）：58－63．

［22］高慧琳，郑保章．虚拟现实技术对受众认知影响的哲学思考［J］，东北大学学报（社会科学版），2017（11），19（6）：564－570．

［23］［古希腊］柏拉图．理想国［M］．郭斌和，张竹明译．北京：商务印书馆，1986：第七卷．

［24］郭芙蕊．试析智能社会中两种智能的关系［J］．哈尔滨师专学报，2000（21）：54－58．

［25］郭沆东．关于人工智能的哲学思考［D］．哈尔滨：哈尔滨理工大学，2017．

［26］郝雨，安盡．再论"媒介的延伸"与"媒介功能的延伸"［J］．当代传播，2009（2）：17－21．

［27］何道宽．麦克卢汉在中国［J］．深圳大学学报（人文社会科学版），2000（6）：97－102．

［28］何道宽．"天书"能读——麦克卢汉的当代诠释［J］．四川外语学院学报，2003（1）：123－128．

［29］何华征．论"新媒体"概念的基本内涵［J］．武汉科技大学学报（社会科学版），2016（18）：103－107．

［30］何怀宏．柏拉图《理想国》中的四隐喻［J］．北京大学学报（哲学社会科学版），2007（5）：33－39．

［31］贺洪花，黄学建．"再现"和"延伸"——媒介进化论视角下的虚拟现实［J］．中国新闻传播研究，2016（12）：23－30．

［32］胡鞍钢．中国赶上第四次工业革命发动期［N］．北京日报，2013－02－25（17）．

［33］黄红生．论虚拟技术的人文价值［D］．沈阳：东北大学，2008．

［34］［加］埃里克·麦克卢汉，马歇尔·麦克卢汉．媒介定律：新科学［M］．多伦多：多伦多大学出版社，1992．

［35］［加］菲利普·马尔尚．麦克卢汉传：媒介及信使［M］．何道宽译．北京：中国人民大学出版社，2015．

［36］［加］罗伯特·洛根．理解新媒介：延伸麦克卢汉［M］．何道宽译．上海：复旦大学出版社，2012．

［37］［加］马歇尔·麦克卢汉．传播工具新论［M］．叶明德译．台北：台湾巨流图书公司，1981．

［38］［加］马歇尔·麦克卢汉．理解媒介：论人的延伸（增订评注本）［M］．何道宽译．南京：译林出版社，2011．

［39］［加］玛丽·崴庞德．传媒的历史与分析：大众媒介在加拿大［M］．郭镇之译．北京：北京广播学院出版社，2003．

［40］［加］梅蒂·莫利纳罗，科琳·麦克卢汉，威廉·托伊编．麦克卢汉书简［M］．何道宽，仲冬译．北京：中国人民大学出版社，2005．

［41］贾凤翔．麦克卢汉与信息时代［D］．长春：吉林大学，2012．

［42］蒋乐蓉，罗如为．虚拟现实技术的哲学思考［J］．湖南理工学院学报（自然科学版），2010，23（1）：87－89．

［43］蒋晓菲．麦克卢汉媒介技术哲学思想研究［D］．辽宁：大连理工大学，2016（6）．

［44］金定海，吕文婷．虚拟世界就是特殊的现实世界——VR元年的体验性反思［J］．广告大观（理论版），2017（4）：62－67．

［45］孔萧曼．用麦克卢汉的观点浅析大数据时代［J］．新闻研究导刊，2016（4）：89，119．

［46］匡晓沁，王乐萍．不全是数据决定的——再读《大数据时代》

［J］．新闻研究导刊，2015（1）：120 - 121.

［47］李国杰，徐志伟．从信息技术的发展态势看新经济［J］．中国科学院院刊，2017，32（3）：233 - 238.

［48］李恒威，王昊晟．人工智能威胁人类还有多远［N］．社会科学报，2018 - 1 - 4（5）．

［49］李洁．传播技术与共同体：文化的视角——从英尼斯到麦克卢汉［D］．上海：复旦大学，2007.

［50］李璐．理解大数据的温度——以麦克卢汉"冷热"媒介理论为基础［J］．北京科技大学学报（社会科学版），2016（6）：55 - 59，118.

［51］李伦，黄关．数据主义与人本主义数据伦理［J］．伦理学研究，2019（2）：102 - 107.

［52］李芒．对教育技术"工具理性"的批判［J］．教育研究，2008（5）：56 - 61.

［53］李明伟．知媒者生存：媒介环境学纵论［M］．北京：北京大学出版社，2010.

［54］李曦珍，楚雪．媒介与人类的互动延伸——麦克卢汉主义人本的进化的媒介技术本体论批判［J］．自然辩证法研究，2012，28（5）：30 - 34.

［55］李曦珍．理解麦克卢汉：当代西方媒介技术哲学研究［M］．北京：人民出版社，2014.

［56］李艺杰．浅谈大数据时代数据信息现状及发展［J］．中国新技术新产品，2014（8）：28.

［57］李中华．麦克卢汉媒介理论的接受与新世纪中国文学批评的发展［D］．湖南：湖南师范大学，2013（5）．

［58］梁颐．论未来媒介的五种特征——媒介环境学巨擘麦克卢汉、芒福德、莱文森思想探析［J］．东南传播，2013（6）：1 - 6.

［59］梁颐．新媒体传播对人类行为方式的影响［J］．青年记者，2010（9）：40 - 41.

［60］林德宏．评人的"非人化"—— 一种现代技术机械论［J］．自然辩证法研究，1999（3）：23 - 27.

［61］林德宏．人与物关系的初步讨论［J］．自然辩证法研究，2000（7）：12 - 16.

［62］刘大椿．科学技术导论［M］．北京：中国人民大学出版社，2000．

［63］刘丹鹤．赛博空间与网际互动——从网络技术到人的生活世界［D］．上海：复旦大学，2004．

［64］刘京林．大众传播心理学［M］．北京：中国传媒大学出版社，2005．

［65］刘玲华．重组"碎片化"：移动互联时代的文化逻辑［J］．中国图书评论，2017（9）：53－59．

［66］卢娜娜．后结构主义视域下的麦克卢汉媒介理论研究［D］．南京：南京大学，2013．

［67］陆汝怜．人工智能［M］．北京：科学出版社，2004．

［68］吕倩，陈嘉祺．连接一切——媒介是人的延伸［J］．新闻传播，2016（3）：103－105．

［69］毛牧然，陈凡．哲学视野中的虚拟现实（VP）——兼评戈登·格雷厄姆 VP 技术哲学思想［J］．自然辩证法研究，2003，19（10）：36－40．

［70］梅琼林．透明的媒介：论麦克卢汉对媒介本质的现象学直观［J］．人文杂志，2008：33－38．

［71］［美］保罗·莱文森．数字麦克卢汉——信息化新纪元指南［M］．何道宽译．北京：社会科学文献出版社，2001．

［72］［美］保罗·莱文森．新新媒介［M］．何道宽译．上海：复旦大学出版社，2011．

［73］［美］凯文·凯利．科技想要什么［M］．熊祥译．北京：中信出版社，2011．

［74］［美］林文刚．媒介环境学：思想沿革与多维视野［M］．何道宽译．北京：北京大学出版社，2007．

［75］［美］刘易斯·芒福德．技术与文明［M］．陈允明，王克仁，李华山译．北京：中国建筑工业出版社，2009．

［76］［美］诺伯特·维纳．控制论——关于在动物和机器中控制和通讯的科学［M］．郝季仁译．北京：科学出版社，2009．

［77］［美］威尔伯·施拉姆，威廉·波特．传播学概论［M］．何道宽译．北京：中国人民大学出版社，2010．

［78］［美］希拉里·普特南．理性、真理与历史［M］．童世骏，李光程译．上海：上海译文出版社，2005．

［79］［美］雨果·德·加里斯. 智能简史［M］. 胡静译. 北京：清华大学出版社，2007.

［80］潘教峰. 新科技革命与三元融合社会——关于雄安新区建设的宏观思考［J］. 中国科学院院刊，2017，32（11）：1177－1184.

［81］尚凌博. 互联网思维下的新媒体传播规律探析［J］. 新媒体研究，2017（21）：4－5.

［82］邵顾彦雯. 麦克卢汉传播学的现象学解读［D］. 上海：东华大学，2012.

［83］沈恒炎. 未来学与西方未来主义［M］. 沈阳：辽宁人民出版社，1989.

［84］沈继睿. 媒介技术的哲学研究［D］. 南京：东南大学，2015.

［85］石宇航. 浅谈虚拟现实的发展现状及应用［J］. 中文信息，2019（1）：20.

［86］石苑. 从"地球村"到"大数据"——媒介环境学派感知模式的方法论意义［J］. 文化与传播，2013（2）：23－29.

［87］宋奎波. 马歇尔·麦克卢汉媒介技术思想研究［D］. 辽宁：东北大学，2008（7）.

［88］宋乃亮，特荣夫，冯甦中. 虚拟现实技术在科普教育中的研究与实现［J］. 科普研究，2010（5）：29－33.

［89］隋岩. 媒介文化与传播［M］. 北京：中国广播电视出版社，2015.

［90］孙江华，王思雅. VR 时代在家看院线电影的可行性研究［J］. 当代电影，2017（8）：127－131.

［91］孙其博，刘杰等. 物联网：概念、架构与关键技术研究综述［J］. 北京邮电大学学报，2010（3）：1－9.

［92］汤朋，张晖. 浅谈虚拟现实技术［J］. 求知导刊，2019（3）：19－20.

［93］童天湘. 从人机大战到人机共生［J］. 自然辩证法研究，1997（9）：1－8.

［94］童天湘. 点亮心灯——智能社会的形态描述［M］. 哈尔滨：东北林业大学出版社，1996.

［95］王刚. 麦克卢汉媒介技术观探究［D］. 天津：天津大学，2013（5）.

［96］王弯弯. 马歇尔·麦克卢汉的电视传播理论研究［D］. 兰州：兰州大学，2014（5）.

［97］王燕．麦克卢汉的技术哲学思想评析［D］．长春：吉林大学，2007.

［98］吴标兵，许为民．物联网技术的异化和制度制约［J］．科学技术哲学研究，2014（6）：65－70.

［99］吴丽娟．媒介延伸论的前世今生"理解麦克卢汉"［D］．江苏：南京大学，2015（6）.

［100］肖荣春．"物联网"：信息产业革命的第三次浪潮［J］．传媒，2010（7）：49－51.

［101］谢锐．传媒哲学视野下的麦克卢汉媒介观——兼论我们与世界的传媒性关系［D］．兰州：兰州大学，2007.

［102］薛平．普特南的认知思想实验及其哲学意义［D］．太原：山西大学，2007.

［103］杨露．新媒体环境下对冷热媒介的再思考［J］．中国报业，2016（3）：21－22.

［104］杨先起．数字时代的麦克卢汉——保罗·莱文森媒介思想研究［D］．兰州：兰州大学，2006.

［105］杨学山．智能原理［M］．北京：电子工业出版社，2018.

［106］［英］丹尼斯·麦奎尔，［瑞典］斯文·温德尔．大众传播模式论［M］．祝建华，武伟译．上海：上海译文出版社，1987.

［107］［英］凯文·渥维克．机器的征途［M］．呼和浩特：内蒙古人民出版社，1988.

［108］［英］克里斯托夫·霍洛克斯．麦克卢汉与虚拟实在［M］．刘千立译．北京：北京大学出版社，2005.

［109］［英］乔治·贝克莱．人类知识原理［M］．关文运译．北京：商务印书馆，1973.

［110］于雪，王前．人机关系：基于中国文化的机体哲学分析［J］．自然辩证法研究，2017（2）：97－102.

［111］曾国屏等．赛博空间的哲学探讨［M］．北京：清华大学出版社，2002：67－68.

［112］曾国屏，李正风，段伟文等．赛博空间的哲学探索［M］．北京：清华大学出版社，2002.

［113］曾立胜．虚拟现实技术对认知发展的局限性探讨［J］．软件导刊

（教育技术），2013（8）：85－87.

［114］翟振明. 虚拟实在与自然实在的本体论对等性［J］. 哲学研究，2010（6）：62－71.

［115］张骋. 麦克卢汉从现象学那里继承了什么—— 一种基于"媒介哲学"的思考与展望［J］. 当代文坛，2015（6）：143－146.

［116］张雷. 从"地球村"到"地球脑"智能媒体对生命的融合［J］. 当代传播，2008（6）：10－13.

［117］张宁，罗卫华等. 基于虚拟现实技术的轮机英语环境仿真研究［J］. 计算机仿真，2015，32（6）：212－217.

［118］张如良. 虚拟现实与哈贝马斯的公共领域理论［J］. 西安交通大学学报（社会科学版），2009，29（3）：67－70.

［119］张三夕，李明勇. 海德格尔媒介本体论思想阐述［J］. 华中师范大学学报（人文社会科学版），2017（9）：82－86.

［120］张咏华. 媒介分析：传播技术神话解读［M］. 上海：复旦大学出版社，2002.

［121］张允若，高宁远. 外国新闻事业史新编［M］. 成都：四川人民出版社，1996.

［122］郑保章，高慧琳. 基于麦克卢汉媒介观探讨媒介素养的信息化建设［C］. 第七届中国（西湖）媒介信息素养高峰论坛，2018（10）：114.

［123］郑燕. 人是媒介的尺度——保罗·莱文森媒介思想研究［D］. 济南：山东大学，2014.

［124］郑颖雪. 新媒体环境下媒介技术对人的异化——由英剧《黑镜子》引发的反思［D］. 济南：山东师范大学，2013.

［125］周长富. 麦克卢汉媒介技术哲学评述［D］. 上海：复旦大学，2009（5）.

［126］周逵，宋晨. 虚拟现实研究的理论框架与核心议题［J］. 当代传播，2017（4）：57－59.

［127］左斌. 大数据时代传统电视节目能否不再"单相思"［J］. 华章，2013（26）：319－320.

［128］Anton, C. McLuhan Formal Cause and the Future of Technological Mediation［J］. The Review of Communication, 2012, 12（4）：276－189.

［129］Becher, S. L. New Books in Review ［J］. Qarterly Journal of Speech, 1965 (2): 86.

［130］Cavell, R. McLuhan in Space: A Cultural Geography ［J］. Toronto: University of Toronto Press, 2003.

［131］Findlay – White, E. , Logan, R. K. Acoustic Space, Marshall McLuhan and Links to Medieval Philosophers and Beyond: Center Everywhere and Margin No-where ［J］. MDPI Philosophies, 2016 (1): 162 – 169.

［132］GAO Huilin, ZHENG Baozhang. Human – Machine Integration: A Phil-osophical Analysis Based on McLuhan Media Theory and Traditional Chinese Culture ［C］, The 8th International Conference: Applied Ethics and Comparative Thought in East Asia. 2018. 9.

［133］Gaëtan, T. From Marshall McLuhan to Harold Innis, or From the Global Village to the World Empire ［J］. Canadian Journal of Communication, 2012, 37 (4): 561 – 575.

［134］Graham, G. The Internet: A Philosophical Inquiry ［M］. London: St Edmundsburg Press, 1999.

［135］Horrocks, C. Marshall McLuhan and Virtuality ［M］. Cambridge: To-tem Books, 2000.

［136］Howard, R. Smart Mobs: The Next Social Revolution ［M］. Basic Books, 2002.

［137］Ivan, S. The Ultimate Display ［J］. 1965.

［138］Levinson, P. Digital McLuhan: A Guide to the Information Millennium ［M］. London: Routledge, 1999.

［139］Logan, R. K. McLuhan's Philosophy of Media Ecology: An Introduction ［J］. MDPI Philosophies, 2016 (1): 133 – 140.

［140］Logan, R. K. Understanding New Media: Extending Marshall MaLuhan ［M］. New York: Peter Lang Publishing, Inc., 2010.

［141］Lum, C. M. K. The Media Ecology Tradition: Perspectives on Culture, Technology and Communication ［M］. New York: Hampton Press, 2005.

［142］Marchand, P. Marshall McLuhan: The Medium and the Messenger ［M］. Massachusetts: MIT Press, 1989.

[143] McLuhan, E., Zingrone, F. Essential McLuhan [M]. Toronto: House of Anansi Press, 1995.

[144] McLuhan, M. Francis Bacon: Ancient or Modern [J]. Reform: Renaiss, 1974 (10): 93 –98.

[145] McLuhan, M., McLuhan, E. Laws of Media: The New Science [J]. Toronto: University of Toronto Press, 1988.

[146] McLuhan, M., Parker, H. Counterblast [J]. New York: Harcourt Brace & World, 1969.

[147] McLuhan, M., Powers, B. R. The Global Village: Transformations in World Life and Media in the 21st Century [J]. New York: Oxford University Press, 1989.

[148] McLuhan, M. The Ciceronian Program in Pulpit and in Literary Criticism [J]. Reform: Renaiss, 1970 (7): 3 –7.

[149] McLuhan, M. The Classical Trivium: The Place of Thomas Nashe in the Learning of His Time [J]. Corte Madera: W. Terrence Gordon, 2006.

[150] McLuhan, M. The Gutenberg Galaxy: The Making of Typographic Man [M]. Toronto: University of Toronto Press, 1962.

[151] McLuhan, M. The Playboy Interview: Marshall McLuhan [J]. Chicago: Playboy Magazine, 1969.

[152] McLuhan, M. Understanding Media: The Extensions of Man (Critical Edition) [M]. W. Terrence Gordon. Berkeley: Gingko Press, 2003.

[153] McLuhan, M. Understanding Media: The Extensions of Men [M]. New York: McGraw – Hill Book Company, 1964.

[154] McLuhan, M., Watson, W. From Cliché to Archetype [J]. New York: Viking, 1970.

[155] McQuail, D., Windahl, S. Communication Models for the Study of Mass Communications [M]. Routledge, 2015.

[156] Mortimer, J. Adler. Great Books of the Western World [M]. Encyclopedia Britannica Incorporated. 1994.

[157] Mumford, L. Technics and Civilization [M]. California: Harcourt, 1934.

[158] Murray, C. D., Sixsmith, J. The Corporeal Body in Virtual Reality

［J］. Research in Philosophy & Technology, 1999（9）: 315 – 343.

［159］ Putnam, H. Hilary, P. Realism and Reason ［C］. Philosophical papers. Cambridge: Cambridge University Press. 1983.

［160］ Putnam, H. On Mind, Meaning and Reality ［J］. The Harvard Review of Philosophy, 1992: 20.

［161］ Putnam, H. Realism with a Human Face ［M］. Edited by CONANT J. F. Harvard: Harvard University Press, 1990.

［162］ Putnam, H. Reason, truth, and history ［M］. Cambridge: Cambridge University Press, 1981.

［163］ Putnam, H. Sense, Nonsense and the Senses: An Inquiry into the powers of the Human ［J］. The Journal of Philosophy, 1994, 91（9）.

［164］ Ramond, C. K. McLuhan is the Message ［J］. Journal of Advertising Research, 1966（6）: 68.

［165］ Roncallo, S. D., Scolari, C. A. Marshall McLuhan: The Possibility of Re – Reading His Notion of Medium ［J］. MDPI Philosophies, 2016（1）: 141 – 152.

［166］ Ryan, M. G. The Social Ancestry of Marshall McLuhan's Theories ［J］. Speech Communication Association, 1972（12）: 2 – 8.

［167］ Schönberger V M, Cukier K. Big Data: A Revolution That Will Transform How We Live, Work, and Think ［M］. Houghton Mifflin Harcourt, 2013.

［168］ Stetz, M. M. C., Ries, R. I., Folen, R. A. Virtual Reality Supporting Psychological Health ［M］// Brahnam, S., Jain, L. C. Advanced Computational Intelligence Paradigms in Healthcare 6. Berlin: Springer, 20119.

［169］ Vieta, M., Ralon, L. Being in the Technologically Mediated World: The Existential Philosophy of Marshall McLuhan ［J］. The Popular Culture Studies Journal, 2013（1）: 36 – 60.

［170］ Wendy, H. K. C. Marshall McLuhan: The First Cyberpunk Author ［J］. Journal of Visual Culture, 2014, 13（1）: 36 – 38.

# 后 记

岁月如梭，韶光易逝。每个人都会随着时光的流逝而经历着人生中最重要的过渡，不断改变，不断成长，从冲动到沉着，从幼稚到成熟。从硕士、博士再到博士后，有彷徨也有迷茫，回首人生中一次次的转折与决定，感慨颇多。

本书是博士后在站期间，在博士论文及博士后研究课题的基础上完成的，本书的出版得到了中国博士后科学基金（编号：2021M690711）的资助。首先，要特别感谢我的博士生导师，郑保章教授。记得那是 2016 年的春天，我正处在人生的转折点，面临着继续工作还是辞职读博的抉择。对于一个一直学习和从事影视与传媒相关行业的我来说，转而学习哲学是一个巨大的挑战。当我第一次见到郑老师的时候，他和蔼可亲的笑容、平易近人的谈吐以及对我的鼓励打消了我对于未来的恐惧，他给了我信心与希望，让我毅然决然地决定换专业学习哲学，考取哲学博士研究生。入学之后，郑老师在科研方面给予了专业的指导，在我感到迷茫与困惑的时候，及时对我进行开导与鼓励。无论是新闻传播、影视创作，还是人们的日常生活，都离不开媒介与技术。基于此，郑老师为我提供了麦克卢汉媒介观的研究方向，结合当前新媒介技术发展现状进行深入研究。当我们进行学术问题讨论的时候，郑老师渊博的知识和严谨的逻辑思维使我收获良多，仿佛突然开启了一扇紧锁的大门，让我一下子找到了学习技术哲学的乐趣，帮助我打开了科研思路，形成了哲学的思维方式，让我有了想要深入研究技术哲学并在这方面有一定作为的冲劲。

其次，衷心的感谢我在复旦大学做博士后期间的合作导师，孟建教授。在入站之初，孟老师为我介绍了工作站目前正在研究的科研方向及新提出的理念，为我在对麦克卢汉研究基础上的进一步升华开拓了新的思路。2019 年

12月至今，新冠肺炎疫情暴发的两年间加速了包括传播学在内的国际政治、经济、科技、文化等领域的巨大变化，基于新媒介技术发展起来的新兴社交媒介彻底改变了人们的社交方式，成为人们热议的焦点。因此，以智媒时代为研究背景，以麦克卢汉媒介观为理论基础，社交媒介的多形态演变规律以及交织信息智能传播带来的数据异化与伦理困境等问题的研究，成为我未来继续开展研究的新方向。

再次，还要感谢经济科学出版社的谭志军编辑及其同仁对本书出版的支持和付出。感谢我在读博和做博士后期间给予我支持和帮助的王前教授、文成伟教授、洪晓楠教授、姚建华副教授等，以及于雪老师、张成老师、李京华老师、顾准老师等，感谢我们这一路以来的相识相知。

最后，我要对最亲爱的爸爸和妈妈表达最深沉的谢意。感谢你们，在我最无助的时候支持我，在我最困惑的时候开导我，在我最失落的时候陪伴我，在我最烦躁的时候包容我、安慰我。感谢你们，沮丧时给我希望，奋斗时给我力量。感谢你们，给予我无微不至的照顾和不厌其烦的悉心栽培。感谢你们，在精神上和物质上给予我的理解与支持，使我可以没有后顾之忧地全身心投入到学习当中。当我再一次走出校园，我会尽最大的努力，回报父母，回馈社会。

2022年的钟声即将敲响，岁月的车轮又前进了一程。时光在流逝，从不停歇；万物在更新，而我们在成长。重回首，去时年，揽尽风雨苦亦甜。博士后工作的旅程即将结束，但是人生的脚步不会停歇，我会带着希望，一路前行，未来可期……

高慧琳

2021年12月于上海